MW00329941

DISEÑADOS PARA CAMBIAR

ATMÓSFERAS

José Daniel Martínez

Publicado por
JOSÉ DANIEL MARTÍNEZ

Derechos Reservados
JOSÉ DANIEL MARTÍNEZ

Primera Edición 2019

PorJOSÉ DANIEL MARTÍNEZ

Titulo publicado originalmente en español:
DISEÑADOS PARA CAMBIAR ATMÓSFERAS

Ninguna parte de esta publicación podrá ser reproducida, procesada en algún sistema que la pueda reproducir, o transmitida en alguna forma o por algún medio electrónico, mecánico, fotocopia, cinta magnetofónica u otro excepto para breves citas en reseñas, sin el permiso previo de los editores.

Citas Bíblicas tomadas de la Santa Biblia, Versión Reina-Varela de 1960. © Sociedades Bíblicas Unidas. Usadas con permiso.

Clasificación: Religioso

ISBN - 978-1-7923-1975-4

Para más información:

IGLESIA INTIMIDAD CON DIOS
Pastores José Daniel & Yoanny Martínez

Teléfono: (832) 585-1387
Webpage: www.IntimidadConDios.tv
Facebook: Pastor José Daniel Martínez
Instagram: Pastor José Daniel Martínez
Youtube: Intimidad Con Dios Oficial

Producido e Impreso en USA por:
www.HolySpiritPub.net
Tel.: (214) 881-1367

CONTENIDO

DEDICATORIA

Este libro está dedicado a todas las personas que desean edificar una familia con una información genética espiritual donde la evidencia de la presencia de Dios sea palpable sobre sus hijos, matrimonios, finanzas y todo lo que toquen, aún después de que su existencia termine en esta tierra. *Herencia es lo que usted le deja **a su familia** pero legado es lo que usted deja **en su familia.***

La revelación de este libro es un legado espiritual para las familias que están haciendo frente a los desafíos que vivimos en estos últimos tiempos, donde se requiere un nivel de percepción más agudo y ejercitación de los sentidos espirituales para terminar la carrera de la fe hasta el final.

Conocer el principio de cómo crear una atmósfera es un legado que si usted logra aplicarlo, muchas cosas comenzarán a cambiar radicalmente y los problemas de la vida serán reversibles, mucho más fáciles de resolver y en menos tiempo que lo normal o lógico. Dios opera a través de principios, no de sentimientos. Si usted logra montarse encima de un principio establecido por Dios, le irá bien en todo lo que emprenda.

Descubrir el poder de las atmósferas y cómo construirlas es un principio y un legado espiritual tan trascendental, que su generación agradecerá que le haya puesto esta información en sus manos. La información puede cambiar un país, una familia y un individuo. Conocer las perlas que están escondidas en este libro le ahorrará años y ciclos de sufrimiento, pobreza y fracasos en diferentes áreas de la vida.

Un libro le puede costar dinero, pero dejar de leer un libro por no tener tiempo o por no disciplinarse en la lectura, le puede costar mucho más, porque la ignorancia sobre un tema, se paga muy caro. La Palabra dice: *"Conoceréis la verdad y la verdad os hará libres". (Juan 8:32).* Cada fuente de información que logramos conocer tiene años de sabiduría que nos evitará dolor y estancamiento en el futuro. Conocer el poder de las atmósferas cambió mi vida y el resultado en muchas de las áreas de ella. Conocer por qué es imprescindible aprender a edificar una atmósfera personal, en el hogar, en el negocio, en el trabajo, en la iglesia y ante cada situación desafiante, le permitirá acelerar procesos en su propia vida donde usted mismo se sorprenderá. En los tiempos en los que vivimos es muy importante de dónde usted recibe las noticias. Hay noticias que transmiten una realidad, pero no la verdad total. Si usted escucha noticias de CNN, de FOX o de cualquier medio noticioso de este mundo, recibirá una información parcial de una situación. Pero si recibe noticias de la Palabra de Dios, esa palabra le va a mostrar toda la verdad detrás de esta realidad y detrás de la noticia, por eso el Evangelio significa *Buenas Noticias de Dios* para el hombre.

AGRADECIMIENTO

Agradezco al Señor Jesús por permitirme descubrir esta herramienta a edad temprana, cuando todavía había tiempo para establecer un ambiente de reino y de bendición que me permitiera trascender y ser alguien que puede cambiar atmósferas.

A mi esposa Yoanny Martínez por ser una intercesora de alto nivel y alguien quien le cree a Dios con ojos cerrados. Eres realmente una ayuda idónea. Juntos hemos aprendido a derribar imposibilidades y a creer que lo mejor está por delante, nunca detrás. ¡Así ha sido siempre!

A mi hija Betty y a mi hijo y yerno Eddie Ortiz, quienes son excelentes impulsores de cada uno de nuestros proyectos. Gracias por no dejar que ninguna de nuestras palabras caiga a tierra. Ustedes son de mucha inspiración a una nueva generación.

Agradezco a mis padres por enseñarme el secreto del poder de la alabanza y la adoración, aun cuando muchos las veían como un medio de entretenimiento o una exposición de talento y otros ni siquiera lo veían como un ministerio. A través de la adoración descubrimos la luz al final de muchos túneles.

Gracias Espíritu Santo por ser el iniciador y el sustentador de hermosas atmósferas que en nuestra vida y ministerio han cambiado pronósticos por testimonios grandiosos de tu fidelidad. Tú eres mi fuerza y mi sustento.

A temprana edad comencé sin saberlo a experimentar el poder de edificar una atmósfera de libertad, de milagros y de cielos abiertos.

INTRODUCCIÓN

Si no te gusta el clima, espera cinco minutos...

Desde el día que nos establecimos en la ciudad de Houston, Texas, a finales del año 2007, factores como la humedad ambiental altísima, las repentinas lluvias y el calor exagerado de los meses de verano fueron patrones extremos que comenzamos a experimentar, a diferencia del clima que habíamos conocido en la isla de Cuba, en donde nací. El clima, aunque caluroso, era muy diferente a lo que habíamos experimentado anteriormente.

Alguien en Texas me expresó, tratando de resumir en cortas palabras el fenómeno climático de esta hermosa ciudad en donde habíamos decidido instalarnos: *"Si no te gusta el clima de Houston, espera cinco minutos".*

Realmente, el clima de Houston tiene una constante variación, de pronto se puede formar una tormenta y a los pocos minutos vuelve a brillar el sol. En la temporada invernal, las temperaturas pueden variar en solo minutos desde los 70 a los 30°F. Sin duda, esto hace que tengamos una experiencia única y particular, realmente disfrutamos mucho la temporada de otoño e invierno.

El día puede amanecer nublado y lluvioso, pero es impresionante la manera casi instantánea cómo puede transformarse en un día soleado y con un cielo azul mucho más despejado que en muchas islas del Caribe.

Permítame darle una explicación en este tópico, que le permitirá entender todo lo que trataremos en los siguientes capítulos.

¿Qué se entiende por clima? *El Clima* es el eco o el efecto de los cambios en las capas altas de la atmósfera que hacen que se manifiesten en la tierra cambios y variaciones de temperaturas, precipitaciones, sequías, huracanes, tornados y todo lo relacionado con el estado del tiempo, sea malo o bueno. Todos estos factores, cuando trabajan en conjunto, establecen eso que llamamos clima.

El clima de un lugar está regido directamente por **cambios previos** en las altas capas de la atmósfera terrestre. Es decir, antes de ocurrir una temporada de aguaceros, lluvias, huracanes o tornados, ha sucedido un cambio en la atmósfera que propició la formación de estos fenómenos.

La atmósfera terrestre es la parte gaseosa de la Tierra, siendo por esto la capa más externa y menos densa del planeta. Esta mezcla de gases, que forma la atmósfera, recibe genéricamente el nombre de aire. El 75% de masa atmosférica se encuentra en los primeros 11 km de altura, desde la superficie del mar. Lo que sucede a 11 km de altura, unos minutos después, se manifestará en tierra firme con un cambio de clima.

Por ejemplo: Cuando escuchamos en las noticias que se formó un huracán en el golfo de México, para que esto haya sucedido, primero, bajó la presión de la atmósfera, se calentó el agua del golfo y, por consecuencia, entre muchas variables más, hizo que se formara un huracán de una fuerza potente y destructiva. Todo ocurrió primero arriba, que hizo que el agua del golfo se calentara, y después se manifestó la aparición del huracán.

¿Sabías que exactamente como ocurre en el ámbito natural, ocurre también en el ámbito espiritual? Recuerda que el creador de las leyes espirituales y naturales es el mismo Dios, el Señor, Él es Yahweh, el Gran Yo Soy, el Todopoderoso, el Alfa y Omega, el Señor Adonai. Hay cosas que ocurren en el ámbito natural que se activaron en el ámbito espiritual antes de que en lo natural fuera visible.

> *"Porque las cosas invisibles de Él, su eterno poder y deidad, se hacen claramente visibles desde la creación del mundo, siendo entendidas por medio de las cosas hechas, de modo que no tienen excusa." (Romanos 1:20)*

CAPÍTULO 1

¿Qué sobre la esfera espiritual?

"Y cuando esto corruptible se haya vestido de incorrupción, y esto mortal se haya vestido de inmortalidad, entonces se cumplirá la palabra que está escrita: Sorbida es la muerte en victoria." **(1 Corintios 15:54)**

El propósito de este libro no es demostrar la existencia de la esfera espiritual, que la Biblia da por sentado y es obvia para todos aquellos que hemos decidido creer que tiene que haber algo más, y que también hemos tenido testimonio de la existencia de Dios. Por lo tanto, sabemos que aquello que ven nuestros ojos físicos y experimentan nuestros sentidos naturales es solamente parte de una realidad inferior, temporal y visible, sujeta al tiempo y al espacio, pero hay una verdad más grande: la esfera espiritual e invisible, más extensa y que está por encima y más allá de esa realidad que nosotros llamamos mundo físico. Es decir, desde patrones o experiencias físicas no podemos explicar ni definir fenómenos espirituales porque la fuerza que los creó (Dios) es mayor que lo creado.

La existencia de vida después de la muerte es un tema que, con más frecuencia, muchos experimentan gracias a las nuevas y modernas técnicas de resucitación usadas en los hospitales y centros de cuidados intensivos en los países del primer mundo. Muchos doctores han logrado regresar a pacientes de un estado de coma y algunos, milagrosamente, se han recuperado y regresado a la vida después de tener la actividad cerebral en cero. Ha sido sorprendente la información que arrojan los estudios y testimonios de personas que han experimentado la muerte y han regresado a la vida.

El Dr. Bruce Greyson, Profesor Emérito de Psiquiatría y Ciencias Neurocomportamentales de la Universidad de Virginia, considerado uno de los "padres" de las **Experiencias Cercanas a la Muerte (ECM),** presentó en las **Naciones Unidas** casos documentados de individuos que estaban clínicamente muertos (sin mostrar actividad cerebral) y que, sin embargo, fueron capaces de describir cosas que eran imposibles en ese estado.

Un total de 344 pacientes fueron monitoreados por el equipo de investigadores, y un asombroso 18% de ellos tenían algún tipo de memoria de cuando estaban muertos o inconscientes (sin actividad cerebral). Estos testificaban que habían vivenciado una experiencia muy fuerte y *"profunda"*. Tenga en cuenta que estas experiencias se han producido cuando no hay actividad eléctrica en el cerebro después de un paro cardíaco.

Cada día son más las evidencias de experiencias y testimonios como estos alrededor del mundo. Es indudable la existencia de un mundo espiritual.

Hoy en día, la comunidad científica, en su mayoría, está de acuerdo y acepta la existencia de lo que ellos llaman *"mundos paralelos"*, para no llamarlo ámbito espiritual. Después de veintiún siglos ya se está aceptando y considerando lo que la Biblia dice desde el principio sobre la existencia de la eternidad en la vida del hombre y de un ámbito o mundo invisible. En el principio, creó Dios los cielos y la tierra (cuando habla de cielos, esto incluye todo el universo, las galaxias conocidas y no conocidas y el ámbito espiritual por encima y más allá de lo natural) *(Génesis 1:1)*.

> *"Él ha hecho todo apropiado a su tiempo. También ha puesto la eternidad en sus corazones; sin embargo, el hombre no descubre la obra que Dios ha hecho desde el principio hasta el fin." (Eclesiastés 3:11)*

La Biblia también enseña que el mundo espiritual es el que gobierna el mundo natural. Por ejemplo, uno de los misterios más grandes del hombre es la muerte y qué hay más allá de ella.

Por lo tanto, este libro está basado en el hecho de la existencia de un mundo espiritual que no puede ser captado ni demostrado por nuestros cinco sentidos.

El problema del humanismo, y de algunas ramas de la ciencia, está en que lo que no pueda ser probado por los cinco sentidos no puede ser cierto, lo cual deja castrados y atados a sus seguidores a conocer nuevas experiencias y formas de vida existentes más allá de nuestro conocimiento o percepción natural.

El informe afirma que son reales las experiencias de personas que testifican haber atravesado un túnel de luz, en donde los ángeles y otras entidades espirituales acompañaban a estas personas a la hora de la muerte y su partida de este mundo. Incluso, en algunos casos, las personas refieren que han podido ver a familiares ya fallecidos que venían a su encuentro y, en otros casos, personas que se encontraban con familiares en la eternidad, estos desconocían de la muerte de ese familiar antes de su experiencia con la muerte.

No hay efecto sin causa

La Biblia dice en **Proverbios 26:2** *"Como gorrión que vaga, o como golondrina en vuelo, así la maldición nunca viene sin causa".*

Todo en la vida tiene una causa, todo detonante tuvo un detonador, detrás de cada consecuencia hubo algo o alguien que la provocó.

La formación de un clima determinado en el mundo físico está directamente relacionada a la interacción continua que existe entre las altas y bajas capas de la atmósfera y la superficie terrestre. Una acción provoca una reacción. No pretendo darle una clase de clima ni de meteorología, pero cuando descubrí este principio, entendí que, como sucede en la esfera física, también así es en la esfera espiritual.

La tierra fue diseñada por Dios para ser una réplica del cielo en donde Él habita, con la única diferencia que en la tierra, debido al pecado y la caída del hombre, estamos desfasados; y así mismo como la naturaleza del hombre es una naturaleza caída, de la misma forma todo en la tierra opera en el efecto de la caída del hombre por el pecado.

Por ejemplo: Estamos sujetos a funcionar dentro de una unidad de tiempo que contamos en años, meses, días, horas, minutos y segundos, mientras en el ámbito de la eternidad, no existe el *chrono*, sino que el tiempo para Dios es un eterno presente. La intención original de Dios, al poner al hombre en la tierra, era que la tierra fuera una extensión del reino de los cielos, pero el pecado, la desobediencia y las decisiones del hombre convirtieron la tierra en un lugar donde el caos, el dolor, el sufrimiento y la muerte son parte de su existencia y vivimos limitados al tiempo y al espacio.

En el ámbito eterno hay calles, hay casas, hay animales, hay comida, hay vida en su máximo esplendor. Los colores son mucho más definidos que en la tierra. Todo es perfección, por eso el hombre ama y sueña con la excelencia y lo perfecto. Tenemos el ADN de donde venimos y a donde regresaremos si tenemos un encuentro personal con Jesucristo.

La tierra es una especie de copia del cielo, pero con leyes desfasadas y caídas.

El tiempo y el espacio son parámetros caídos producto del pecado y el desplome del hombre.

La enfermedad, la muerte y las imposibilidades son el efecto de la caída del hombre, pero desde un inicio, la intención original de Dios fue que la tierra fuera una réplica del cielo.

Cuando Jesús vino a morir en la cruz del Calvario, antes de expirar exclamó: *"Consumado es"*. En otras palabras, dijo: *"¡Ya está hecho!"*.

"Cuando Jesús hubo tomado el vinagre, dijo: ¡*Consumado es!* Y habiendo inclinado la cabeza, entregó el espíritu." **(Juan 19:30)**

Muchos creyentes tenemos una idea errada de la realidad del mundo espiritual. Pensamos que Dios hace algo bueno por nosotros si nos portamos bien y si hacemos las cosas como Él desea. La Palabra nos enseña que en al ámbito espiritual ya todo está hecho. Solo hay que acceder a esta esfera por medio de la fe en Jesucristo. Ese es el lugar donde ya todo está.

El mundo está regido por leyes naturales y espirituales, si usted desea que las cosas le salgan bien, solo tiene que caminar de acuerdo a esa ley que Dios mismo creó.

Dios no envía el poder, el poder ya está.
Tienes que acceder a él.

Dios no envía contestación de oración: Ya está hecha, la respuesta ya está, solo necesitamos acceder a la respuesta por medio de la fe.

Dios no envía nuestra sanidad: Ya está hecha. Necesitamos acceder a ella.

Dios no le envía perdón a usted para que pueda perdonar a sus enemigos y para que pueda perdonarse a sí mismo. Accedemos a la capacidad sobrenatural de Dios para poder perdonar a quienes nos ofenden y perdonarnos a nosotros mismos cuando recibimos Su perdón que es sobrenatural, no basado en los parámetros y reglas del hombre.

Santidad no es operar con un comportamiento correcto en cada paso de la vida, santidad es permitir que Dios opere, a través de nosotros, en cada paso de la vida. Eso solo se logra a través del poder sobrenatural que el cielo tiene a favor de los hijos de Dios.

Dios no envía su paz para que enfrentes los malos días. Él dijo *"mi paz os dejo, mi paz os doy..."*. ¡Ya está dada!

¿Pero cómo acceder? Esa sería la gran pregunta a la que en este libro daremos respuesta. ¡No te desconectes! Te vas a sorprender con lo que leerás en los siguientes tópicos.

Causa y efecto

En el primer libro de la Biblia, en su primer capítulo, hay algo entre líneas a lo que debemos poner atención: antes de que se formara el sol, la luna y las estrellas, lo que Dios llama las lumbreras, es muy curioso lo que sucedió, ponga toda su atención a este principio, porque de aquí parte todo lo que continuará en este libro:

> *"En el principio creó Dios los cielos y la tierra. Y la tierra estaba desordenada y vacía, y las tinieblas estaban sobre la faz del abismo, y el Espíritu de Dios se movía sobre la faz de las aguas. Y dijo Dios: Sea la luz; y fue la luz".* **(Génesis 1: 1-3)**

¿A qué luz se refiere? Había caos y desorden en la tierra. Pero no se refería a la luz del sol ni de la luna o estrellas, porque estas no fueron creadas hasta mucho después en el verso 14.

Note que existía una atmósfera de caos y desorden, y era necesario establecer una nueva atmósfera que fue provocada por la luz. El caos no lo terminó la luz de las lumbreras, sino la luz de Dios.

¿A qué tipo de luz se refería? Esta luz tiene un poder creativo.

Es la luz eterna y luz sobrenatural de Dios. Esta luz penetró en una atmósfera de caos y desorden y estableció una nueva atmósfera de creación, perfección y orden. Este mismo principio sigue manifestándose hasta hoy. Siempre cuando la luz de Dios es revelada a nuestra vida, esa misma interviene frente al caos de una atmósfera de oscuridad y muerte: Repita conmigo audiblemente ¡Sea la Luz!! ¡Sea la luz! ¡Sea la luz! ¡Sea la luz!

La luz de Dios activa nuestros sentidos espirituales a la revelación del ámbito sobrenatural.

Esa luz que fue creada para cambiar una atmósfera en el principio, es la misma luz que hoy sigue creando nuevas atmósferas de libertad, sanidad, restauración de familias. Cuando la luz de Dios se establece, los ojos son abiertos y el espíritu del hombre se despierta a la realidad superior del mundo sobrenatural y se establece el conocimiento de la realidad eterna e invisible. Los sentidos cauterizados y cerrados a causa del espíritu del anticristo son abiertos y sensibilizados cuando esa luz se establece... Las tinieblas retroceden y el orden de Dios comienza a manifestarse en todas las esferas donde esa luz entra. A esto llamamos: Atmósfera sobrenatural del Cielo en la Tierra.

La luz eterna es la herramienta del Espíritu Santo para ordenar y romper con el caos.

Permítame profundizar un poco en el tópico anterior. Todas las cosas que suceden en el ámbito natural tienen un origen en el ámbito espiritual, y lo que se activa en lo natural tiene un *"efecto rebote"* hacia el ámbito espiritual, pues ambas esferas están en continua interacción. Tal como usted es un espíritu que habita en un cuerpo y que tiene un alma, y su espíritu influye sobre el estado de su cuerpo y en sus emociones, de la misma manera el mundo espiritual y el natural están en constante interacción e interconexión, más de lo que usted puede imaginar. No se engañe, no caiga en la trampa de vivir desconectado del mundo espiritual, porque será para su desventaja en todas las áreas de su vida. Más vale que, si está desconectado, hoy comience a poner las cosas en el orden correcto.

Algunos se preguntan qué existió primero: El huevo o la gallina, el ámbito espiritual o el natural. Dice la Palabra que las cosas que se ven fueron creadas por las que no se ven, entonces, esto me define que el mundo espiritual es mayor y más vasto que el mundo natural. Por tanto, los problemas en el ámbito natural, aunque comprenden evidencias, argumentos, realidades visibles y físicas, todas tienen una raíz en la esfera espiritual. A tal punto que, cuando el espíritu del ser humano es corregido, sanado y liberado, este evento tendrá una consecuencia directa en el cuerpo humano: enfermedades físicas, tangibles y comprobables, como puede ser un cáncer, un desequilibrio químico, una transmisión genética o cualquier evento en el mundo físico.

¿Quién hizo a Dios y a la esfera espiritual?

Algunos se preguntan: ¿Quién hizo a Dios? Realmente Dios no puede ser definido de acuerdo a las leyes naturales que operan en este mundo y con las que estamos acostumbrados a interactuar, porque son leyes *"caídas y con información limitada"*. Cuando pensamos que Dios fue hecho de la misma manera y bajo los mismos principios que fue hecho lo que llamamos *Creación* o *Universo*, estamos pensando en el Dios equivocado. Dios no es afectado ni por el tiempo, ni la materia ni el espacio. Si pudiéramos definir a Dios por los parámetros que por ahora nosotros conocemos: tiempo, materia y espacio, realmente no sería Dios, porque Él está por encima y más allá de ellos. Si pudiéramos concebir a Dios con nuestro cerebro limitado, entonces Dios no sería Dios. Nunca lo creado es mayor que el creador, por lo tanto, mientras estemos en este ámbito, solamente tendremos conocimiento de las profundidades de Dios de la misma forma que de un vasto mar, llenamos nuestras manos con un "puñado de agua".

Patty es una mujer que, antes de visitar nuestras reuniones, había sufrido un stroke que le causó una parálisis facial, la pérdida de la audición y la visión en una parte de su cara. Por este motivo, quedó inmersa en una profunda depresión. Su esposo Giovani comenzó a visitar nuestra iglesia y, un día, logró que ella también viniera a uno de nuestros retiros de sanidad interior y liberación.

Uno de los nervios que conectaban con su audición había sido seriamente e irreversiblemente afectado por el stroke.

El día que Patty tuvo una experiencia sobrenatural con la presencia de Dios en uno de nuestros servicios, y en unos segundos, su parálisis desapareció y recobró su vista y la audición en ese mismo día, de manera instantánea.

Obviamente, existían evidencias suficientes y tangibles que demostraban sobre la condición clínica de Patty, la cual era producida por un evento físico, natural y clínico que le causó su afección también física, pero en el ámbito espiritual algo tenía que ser corregido y, al ser corregido y alineado, fue manifestado en su cuerpo.

Hoy es una de nuestras líderes más efectivas y apasionadas por la presencia de Dios, porque cuando la ciencia dijo *"hasta aquí"*, ¡el poder sobrenatural de Dios cambió su historia! Patty hasta el momento de su milagro, solo tenía religión, pero ahora tiene una relación personal e íntima con Dios.

Aunque no todas las cosas existentes pertenecen a un mismo ámbito, todas interactúan entre sí, causando orden o caos de acuerdo a la activación que podamos producir desde nuestra atmósfera.

El mundo espiritual es muy sensible y lo que se activa en este ámbito, sin duda, se va a reflejar en lo natural. Lo creamos o no, lo aceptemos o no, lo ignoremos o no, es una ley que opera y que funciona, y desconocerla sería su desventaja.

Las bendiciones y los constantes retos y desafíos para sobresalir frente a las crisis que vivimos en nuestro transitar en esta tierra necesitan ser activados, primeramente en la esfera espiritual y, por consecuencia, manifestará una evidencia en la esfera natural. ¿Desde dónde se hace esto? Desde el ámbito natural. Nuestras acciones y decisiones son el detonante de lo que sucede en el ámbito o esfera de lo invisible.

La esfera espiritual se activa desde la esfera natural

"Cuando Daniel supo que el edicto había sido firmado, entró en su casa, y abiertas las ventanas de su cámara

que daban hacia Jerusalén, se arrodillaba tres veces al día, y oraba y daba gracias delante de su Dios, como lo solía hacer antes". **(Daniel 6:10)**

En esto consiste la *Ley del Intercambio*. Todo el tiempo de nuestra vida estamos intercambiando e interactuando entre el ámbito natural y el espiritual.

Todo cambio en el ámbito de lo visible es precedido por un cambio en el mundo invisible, y todo cambio en el ámbito de lo invisible puede provocarse desde el mundo visible, ambos mundos están más conectados de lo que usted podría imaginarse.

El ámbito espiritual y sobrenatural no está lejos de usted, ni divorciado de su ámbito natural. Dios nos da acceso a ese mundo por medio de Jesucristo, para que en su nombre, toda rodilla se doble, *"y toda lengua confiese que Jesús es el Señor".* **(Filipenses 2:11).**

Desde luego, hay miles de maneras de acceder a este ámbito espiritual, el ser humano lo hace a través de ritos, cultos a deidades, brujería y ocultismo, meditaciones, religiones orientales, parasicología, idolatría, paganismo u otra manera, pero realmente, estos son "portales" que abrimos que nos conducen a la activación de maldiciones generacionales. Por eso, Jesús dijo: **"Yo soy el Único Camino al Padre".**

Dios nunca autorizó al hombre a buscar otros caminos, Jesús es El Camino, la Verdad y la Vida, y cuando elegimos otros caminos de acceso a ese mundo, activamos entidades espirituales que provocan ruina y dolor, no solamente a nuestra vida sino a las generaciones venideras.

CAPÍTULO 2

Atmósfera sobre atmósfera

"Vino luego a Betsaida; y le trajeron un ciego, y le roga-
ron que le tocase. Entonces, tomando la mano del ciego,
le sacó fuera de la aldea; y escupiendo en sus ojos, le
puso las manos encima, y le preguntó si veía algo. Él, mi-
rando, dijo: Veo los hombres como árboles, pero los veo
que andan. Luego le puso otra vez las manos sobre los
ojos, y le hizo que mirase; y fue restablecido, y vio de
lejos y claramente a todos. Y lo envió a su casa, diciendo:
No entres en la aldea, ni lo digas a nadie en la aldea".
(Marcos 8:22-26)

¿Qué es una atmósfera?

Una atmósfera es una capa de aire que rodea a cualquier cuerpo. En cualquier cuerpo material, hay una capa de aire que lo rodea y lo envuelve. Por ejemplo: Cuando usted tiene un perfume, usted carga una atmósfera; y cuando usted pasa por el lado de alguien que usa un perfume agradable, usted dice: *"¡Wow! Me encanta como huele"*. ¿Por qué? Porque esa persona también carga una atmósfera. Cuando una persona no se baña, también carga una atmósfera.

Precisamente, todo cuerpo, todo ser viviente carga una atmósfera. La tendencia de todo cuerpo es tomar la atmósfera del lugar de donde está. ¿Cuántos han comprado carros usados alguna vez y cuando lo compran, enseguida huelen y dicen: *"Esto huele a que fumaron aquí adentro"*; y enseguida van con el dealer y le dicen: *"Estoy buscando un carro donde no se haya fumado"*? ¿Cuántos han rentando apartamentos donde al entrar, dicen: *"El que vivía aquí, fumaba"*? ¿Por qué lo sabían? Porque la atmósfera estaba cargada de olor a humo. Si se fumó marihuana en ese lugar, decimos: *"esto huele a marihuana"*. ¿Por qué? Porque la atmósfera natural tiene un olor, tiene un aire.

Atmósferas espirituales

¿Qué tal si yo le dijera que existen otras atmósferas diferentes a las naturales? Usted me preguntará: ¿hay atmósferas espirituales también? Claro que sí, además, le voy a decir, son más peligrosas que las naturales y tienen mayor peso, producen efectos más profundos. En las atmósferas naturales, simplemente si pasa a su lado alguien con mal olor, usted se aleja de él o si es su esposo que llegó cansado del trabajo, sudado; usted le dice: *"Mi amor, creo que debes bañarte antes de ir a la cama"*.

Pero en la otra cara de la moneda, están las atmósferas espirituales que nosotros también cargamos. A veces, la gente está ignorante, no se da cuenta de que las atmósferas espirituales tienen un peso que les afecta, y lo más triste de todo: no se dan cuenta de que están cargando una atmósfera espiritual o que están caminando en la atmósfera de alguien más.

Le voy a decir algo:

Vivimos tiempos en los que, si usted no aprende a edificar su propia atmósfera, usted va a caminar en la atmósfera de alguien más.

Si usted no aprende a edificar su propia atmósfera, usted va a caminar en la atmósfera que otro va a construir para usted; entonces, es tiempo de que aprenda a construir una atmósfera espiritual que le dé identidad a su mundo. Por ejemplo: El miedo construye una atmósfera de temor. Hace unos días, estaba oyendo una noticia acerca de un motorista que había transitado por el Time Square Garden, en Nueva York, donde estaban aproximadamente cinco mil personas, este hombre aceleró su motocicleta y produjo un ruido semejante al de una ametralladora. Todas las personas que allí estaban salieron corriendo despavoridos. Hicieron una toma con una cámara alta donde se veía todo el mundo huyendo, pensando que alguien había disparado con una ametralladora. ¿Por qué? Porque lo que se vive en Estados Unidos en estos días es una atmósfera de temor. Usted llega a un supermercado, a una escuela y hay una expectación de temor. Ahora empiezan las clases, y compañías que venden artículos escolares están haciendo mochilas que no las atraviesen las balas para ponerlas al mercado.

Mire cómo una atmósfera puede controlar hasta lo que compramos y lo que vendemos.

¿Por qué las personas están tomando todas estas acciones tan poco usuales? Porque hay una atmósfera de temor en el mundo, una atmósfera de miedo creada por una circunstancia real de amenaza de terrorismo, provocada a su vez por espíritus demoníacos que poseen las mentes y cuerpos de individuos para llevarlos a cometer crímenes y asesinatos colectivos que generan una atmósfera de temor.

Las personas deprimidas cargan una atmósfera de luto y soledad, las personas confundidas también cargan una atmósfera espiritual, las personas amargadas y resentidas también cargan una atmósfera. Las personas que experimentan o han experimentado rechazo cargan una atmósfera de rechazo al punto de que el resto de las personas les evitan, pierden amistades, cierran ciclos, se aíslan producto de la misma atmósfera que cargan. Las personas abusadas verbalmente, sexualmente, físicamente, también cargan una atmósfera que crea un clima espiritual en sus mundos que, en muchos de los casos, los hacen convertirse de víctimas a victimarios, comenzando a padecer episodios de ira, soberbia, gritos en la casa, y todo este comportamiento hostil produce una actividad espiritual que construye una atmósfera.

Tengo buenas noticias para usted: en este tiempo de atmósferas, usted tiene que darse cuenta de que necesita identificar sus atmósferas e identificar las atmósferas en donde usted interactúa diariamente. Donde quiera que usted llegue hay una atmósfera construida. Cuando llega a un lugar, ya alguien ha construido una atmósfera allí. Usted llega a un centro de trabajo, a una tienda, a un Walmart o llega a un cajero en determinado centro comercial y una persona de pronto le trata mal y usted piensa: *"Pero, ¿Qué tiene? ¿Qué le pasa? ¿Qué yo le hice?"*. Usted no se da cuenta de que esa persona carga una atmósfera negativa, tal vez vino deprimida, se está divorciando, le dieron golpes en la casa; y esa atmósfera se mueve con ella, pero es muy preocupante el hecho de que esa atmósfera contagia a otros como un efecto dominó. Usted no puede evitar que las aves del cielo vuelen sobre su cabeza, pero si puede evitar que esas aves construyan un nido sobre su cabeza. Usted no puede evitar entrar en atmósferas cargadas y pesadas, lo que comúnmente les dicen en algunos países: *"malas vibras"*. No son vibras, son atmósferas espirituales que, aunque enrolan energías espirituales también, tienen una raíz en el ámbito espiritual. Estos ámbitos espirituales no se pueden eludir ni ignorar en nuestra vida diaria y usted tiene que darse cuenta de que, en los tiempos que estamos viviendo, si usted no aprende a construir su propia atmósfera, usted va a caminar en la atmósfera que alguien ha construido para usted o que construyó para él y usted sin darse cuenta, la asumió para sí.

Juntamente con lo que llamamos *"Cambio climático"*, también hay un cambio a nivel mundial en el ámbito espiritual al multiplicarse el pecado en el mundo, al removerse las bases que sostienen la sociedad, al llamarse malo a lo bueno y bueno a lo malo. Cada vez que el hombre se aparta de Dios, las consecuencias se verán más marcadas en la atmósfera física, que es el eco de lo que activamos en el ámbito espiritual.

Hay que ser ciego o escaso de vista para no percibir cómo hay un inusual deterioro en el mundo en todas las áreas. Vivimos tiempos donde lo MEGA, es algo usual, MEGA escándalos políticos, mega terremotos, mega incendios, mega huracanes, mega tormentas de hielo, mega degradación en el área de la sexualidad en el mundo. Sea usted escéptico, ateo, agnóstico o creyente, es una realidad que nos toca a todos y a nuestros hijos, y que nos debe poner a pensar. Esto sin contar el descongelamiento polar, que tiene al mundo científico en profunda preocupación, debido a que el problema actual se da porque este derretimiento del hielo se está produciendo mucho más de prisa de lo normal, a diferencia de cómo en la historia de la raza humana se ha venido produciendo. Hoy podemos decir que este deshielo no se da totalmente de forma natural y, por ello, se convierte en un problema grave y urgente para los humanos y el resto de seres vivos que habitan el planeta.

Algunos cierran sus ojos como el avestruz y meten la cabeza en la tierra, y dicen: ¡no pasa nada! Pero en realidad, estamos en un punto en el que el mundo de hoy es muy diferente al de hace veinte años, donde hay un incremento de maldad en toda la tierra.

El Cristianismo vs. Humanismo

Mucha gente piensa que lo opuesto al cristianismo es el satanismo. Les debo informar que no. Lo opuesto al cristianismo es el humanismo. ¿Por qué el humanismo? Porque el humanismo saca el elemento sobrenatural de la vida del hombre. El humanismo ata de manos a la gente porque le quita herramientas, le enseña: *"Todo está bajo control. Todos los humanos tenemos el poder de hacer esto, "el poder está en ti", "el poder está en mí"*. Entonces, sacamos el elemento sobrenatural de la vida del ser humano; y creemos que el hombre es un Dios, empoderamos al hombre para hacer cosas a las cuales no somos llamados a hacer, pero ¿Sabe cómo se derrite y se derrumba el humanismo? Cuando a la puerta toca el cáncer y el médico dice: *"No puedo hacer nada por ti. Te quedan seis meses de vida"*; cuando enfrentamos una situación de crisis en el matrimonio, hemos consultado a consejeros, acudido a religiones, hemos visitado iglesias, pero el matrimonio no cambia; o tal vez, cuando llega un momento en donde vemos a nuestros hijos hundidos en la marihuana, en las drogas, deprimidos; y pensamos: *"Pero ¿Cómo saco a este muchacho de la depresión?"*. En estos casos, el humanismo se derrumba, porque ese cambio solamente lo puede hacer Dios, regresar a una familia a su diseño original. No busquemos soluciones en las ramas, vayamos a la raíz.

Usted carga eternidad

Dice la Biblia que Dios puso eternidad en la vida del hombre. Esto significa que, cuando usted adquiere ya unos años de edad, diecisiete o dieciocho años, ya comienza a pensar cosas que antes no pensaba: *"Y si me muero, ¿A dónde voy? Y si mañana me toca enfrentar la muerte, ¿Qué será de mí?"*, su mascota no piensa eso. Las mascotas no piensan en morir, sin embargo, ellas tienen un instinto que saben cuándo van a morir. Cuentan los estudiosos que las mascotas cuando saben que ya van a morir, se aíslan de los que han cuidado de ellos, se esconden en lugares donde nunca habían ido antes, porque no quieren hacer sufrir a nadie a su alrededor. Ellos tienen una gran intuición.

En cambio, los seres humanos, cuando les toca morir, comienzan a preocuparse: *"¿A dónde voy? ¿Qué va a ser de mí?"*, comienzan a darse cuenta de que hay una atmósfera más importante que el mundo físico; comienzan a darse cuenta de que solamente un mundo físico con una atmósfera física no va a resolver su cosmovisión del futuro, porque Dios puso eternidad en el corazón del hombre. Usted es eterno, usted carga eternidad. Somos eternos, por esa razón, no nos adaptamos a la muerte; lloramos cuando alguien muere y celebramos cuando alguien nace, porque estamos en una atmósfera natural, pero cargamos e interactuamos a la vez con una atmósfera espiritual.

Sea usted millonario o esté en la miseria, tiene que interactuar con una atmósfera espiritual, usted, yo y todos cargamos una atmósfera espiritual. Lo más preocupante de todo es no darnos cuenta. El humanismo nos ha absorbido tanto que no percibimos la realidad del mundo espiritual. Seamos ateos, agnósticos, creyentes o no creyentes, estamos asignados a funcionar en una atmósfera y a cargar una atmósfera, y solamente aquellos que cargan la atmósfera del cielo, gobiernan la tierra.

Solamente los que aprenden a establecer la atmósfera del cielo, gobiernan la tierra.

Si alguien nos preguntara a mi esposa y a mí: *"Después de la salvación, ¿cuál ha sido lo que más ha impactado su vida?"*. Le diríamos que lo que ha cambiado nuestra vida es descubrir el poder de las atmósferas. Desde que descubrimos el poder de edificar una atmósfera, nos hemos ahorrado lágrimas, dolor y mucho trabajo. Si usted construye una atmósfera, desde esa atmósfera está desatando su fe y está desatando palabras que van a cambiar su ambiente y lo que está a su alrededor. *La atmósfera es el recipiente de la fe.*

Uno de los personajes de la Biblia que estaba cargando una atmósfera y que vivió momentos difíciles fue José.

Él fue un hombre escogido y llamado por Dios, pero dice la Palabra que un día a José lo estaban pesando, le estaban abriendo y revisando la boca, los oídos y la nariz. Con esto, José se dio cuenta de que lo iban a vender como esclavo, porque a los esclavos los pesaban como ganado, les revisaban la boca para ver si tenían su dentadura en buen estado. Y de pronto, José, un soñador, un hombre llamado con propósito, el joven de la túnica de colores, sus propios hermanos lo estaban metiendo en una cisterna y vendiendo como esclavo. De repente, él se encontró en esa situación, pero me llama la atención lo que dice *Génesis 39:2*: *"Más Jehová estaba con José y fue varón próspero; y estaba en la casa de su amo el egipcio"*.

¡Wow! Era esclavo, pero dice la Biblia que era varón próspero. Él era próspero por la atmósfera que cargaba, y no solo eso, sino que Dios prosperó la casa de Potifar a causa de José. Usted puede estar pasando momentos difíciles en su vida, momentos de estrés, de depresión, de enfermedad; pero la atmósfera que usted carga lo va a hacer próspero y lo va a sacar rápidamente de ese estado. No se jacte más de decir y justificar su condición diciendo: *"Yo nací en una familia pobre, en una familia divorciada, en una familia disfuncional"*. Edifique su atmósfera, y le aseguro que no se va a repetir en usted, lo mismo que vivieron sus familias pasadas.

El poder de las atmósferas

Una de las cosas que me llama la atención sobre este punto es donde dice la Biblia que a causa de José, su amo, el egipcio Potifar, fue próspero también. En otras palabras, Dios bendijo la casa de Potifar a causa de

José. La atmósfera de José hizo prosperar a su jefe Potifar. Es decir, José fue un esclavo, pero un esclavo que no había perdido su identidad. Muchas veces, nosotros en las crisis perdemos nuestra identidad. *"¡Ay! Me tocó la enfermedad".* Ya no decimos *"la enfermedad que me afecta",* sino que decimos *"mí enfermedad".* ¿Se da cuenta de cómo ese cambio de vocabulario nos hace asumir una identidad? Usted no nació con una enfermedad, así que no diga más: "Mi enfermedad"

Si usted logra hacer ese pequeño cambio en su vocabulario, ese pequeño cambio lo llevará a un gran resultado. La vida se cambia con pequeños ajustes insignificantes, pero que nos producen grandes resultados.

Cuando aprendimos a construir una atmósfera, entonces les enseñamos a otros a construir sus atmósferas. Por eso, el lenguaje de muchos de ellos ha cambiado y los resultados en sus vidas también. Muchos de ellos habían venido deprimidos, enfermos, con diagnósticos médicos irreversibles, pero les dijimos: *"No, no es tu enfermedad, ¡Cancélala, rehúsala!, y declara la vida de Dios sobre esa situación",* y Dios la ha cambiado.

La tentación más grande del ser humano es adaptarse a la atmósfera en que está. La razón por la que inicié este capítulo con el versículo de Marcos fue mostrarle cómo Jesús tuvo que sacar a este hombre de la aldea, porque él era *"el ciego en la aldea",* todos en el pueblo le decían *"el ciego",* todos allí decían: *"Lo conocemos desde hace muchos años y es ciego",* y Jesús lo sacó de la aldea, curó su visión y le dijo: *"No vuelvas más a la aldea, porque si vuelves a la aldea vas a tomar tu identidad otra vez".* Dime con quién andas y te diré quién eres. Si usted vuela con gorriones lo veré un día en el suelo; pero si vuela con águilas, siempre lo veré volando en las alturas de las montañas, porque usted toma la identidad de con quién anda *y* del ambiente donde se desenvuelve.

¿Le pediría usted a Dios que a pesar del dolor que está pasando hoy, lo use para construir nuevas atmósferas en su vida?

Los corazones de piedra nunca salen de la depresión, no se dan cuenta de que están en una crisis, no salen de su misma condición y siempre están repitiendo ciclos en su vida. José decidió absorber la presencia de Dios en medio de su crisis. En medio del dolor, diríjase a Dios y dígale: *"Señor, en este hospital, en la cárcel, en el dolor, en el problema financiero, desde ahí voy a edificar una atmósfera"* porque su atmósfera es la que le permite levantar su fe. Así como el pez no puede vivir fuera del agua, la fe no puede ser proyectada fuera de una atmósfera de fe; y usted tiene que aprender a construir su propia atmósfera, porque si ve la televisión, si lee un libro, si escucha a los chismosos, si escucha a alguien que lo esté criticando, se deprime; pero cuando usted escucha a Dios, escuchará que le dice: *"No te dejaré ni te desampararé, no temas ni te intimides".*

El temor es un espíritu

"Porque no habéis recibido el espíritu de esclavitud para estar otra vez en temor, sino que habéis recibido el espíritu de adopción por el cual clamamos: ¡Abba Padre!".
(Romanos 8:15)

Cuando hay temor, cuando se vive en temor, se vive en una activación sobrenatural demoníaca. ¿Qué quiere decir el término *"Abba Padre"*? *"Papito, tú eres mi papá"*. No todo el mundo puede decir *"¡Abba Padre!"*, quien vive en temor no puede decir *"¡Abba Padre!"* porque vive en expectación. El miedo no es solamente un sentimiento, el miedo es un espíritu demoníaco; y es lo que hoy está gobernando la bolsa de valores; lo que gobierna el estado de ánimo de mucha gente, su corazón y sus decisiones.

Quien no tiene identidad de hijo, no puede decir *"Abba Padre, en medio de los tiempos tengo paz, en medio de los tiempos sé quién es el que está en el timón de mi barca"*.

Usted y yo tenemos un pasado en donde cometimos muchos errores, venimos de atmósferas torcidas en las que la vida nos enseñó a creer de una manera equivocada. Pero Dios nos mete en situaciones diferentes en nuestras vidas, en duros procesos, para transformar nuestros destinos. Todo lo que Dios necesita es un hombre o una mujer que quiera a cambiar su atmósfera.

7 Riesgos de Activación de Atmósferas dañinas en el hogar

En oportunidades, cuando hablamos de este tema en la iglesia, algunas personas se nos acercan y nos preguntan: *"Pastor, ¿Cómo sé yo que tengo una atmósfera de opresión o que soy propenso a vivir en una atmósfera negativa?"*. Le explicaré algunas de las razones que atraen o nos hacen propensos a ser portadores de ese tipo de atmósfera o actividad espiritual.

Primero: Ocultismo

La primera razón es, cuando usted viene de un trasfondo familiar donde se haya practicado el ocultismo. Toda forma de idolatría expone a la gente a demonios y ensucian su atmósfera.

Algunas personas dicen: *"No sé por qué yo vivo con tanta depresión. No sé por qué doy tres pasos para adelante y cuatro para atrás"*. Esto les sucede porque algo en sus vidas está amarrado al pasado: Atmósferas de idolatría, el ocultismo son *"caldos de cultivo"* para que caminemos atados. La parte ocultista activa demonios. Muchas veces la gente viene a la iglesia, pero no es suficiente, necesitan ser liberados.

Dice la Palabra: *"Conoceréis la verdad y la verdad os hará libre"*. La verdad no es solamente conocer a Cristo, es también conocer los principios y las verdades que nos enseña Cristo y funcionar en ellas.

Muchas personas piensan: *"Bueno, yo tengo a Cristo. ¡Soy libre!"*. ¡No! Están en el umbral, ahora necesitan caminar en el propósito de Dios y activar los principios que te llevarán a una vida plena.

Hay gente que está comenzando a caminar con Dios, se encuentran luchando, batallando con áreas de su vida que pertenecen al pasado, y dicen: *"¡Ya me cansé!* Necesitan entender que han vivido por veinte años controlados por una atmósfera que les ha traído pérdidas, sufrimientos y dolor, y ahora necesitan comenzar a edificar y a crecer en una nueva atmósfera que les cambiará el curso a sus historias y desactivará toda conexión con los demonios que controlaban su pasado. Así mismo como Dios le desea, también el enemigo desea que usted regrese para hacer de usted una persona peor de la que era antes de que Dios le encontrara.

Segundo: Influencias prenatales

Otras de las cosas que hacen que se propicie una atmósfera espiritual cargada en nuestras vidas son las influencias prenatales. Tal vez usted creyó que cuando nació, su familia dijo: *"¡Ay! Bienvenido el bebé. Te estábamos esperando"*, pero, tal vez, cuando usted nació fue el fruto de una noche loca de sus padres; y de pronto, cuando su mamá se hizo la prueba de embarazo, dijo: *"¡Ay! ¡Yo no lo quiero! ¡Yo no contaba con esto! Mi amor, tenemos que abortarlo, ¿Lo abortamos o no?"*. Desde ese momento, se activó una atmósfera espiritual en su vida; y es por ese motivo que camina muchas veces atado, porque una palabra de rechazo hacia usted, ató y diseñó una atmósfera de rechazo a su alrededor.

Entonces, el rechazo, el dolor emocional, los traumas en medio del embarazo pueden causar que usted hoy esté viviendo situaciones difíciles, producto de la atmósfera en la que fue concebido; pero el Señor le dice: *"A ti no te concibió papá y mamá solamente, tal vez fuiste un error de cálculo de ellos, pero yo quise que nacieras, yo quise que tú vivieras y pusieras los pies en este mundo. Tú no eres el fruto de un accidente, tú no eres el fruto de una noche loca, tú eres el fruto de un propósito".*

"Mi embrión vieron tus ojos,
Y en tu libro estaban escritas todas aquellas cosas
Que fueron luego formadas,
Sin faltar una de ellas." (Salmos 139:16)

Usted tiene que descubrir qué está influyendo en su vida que no lo deja avanzar. Para nosotros, ha sido una bendición el ministerio de Sanidad Interior y Liberación en nuestra iglesia, porque la sanidad interior nos da la victoria en áreas bloqueadas de nuestra vida por el trauma y el dolor. De eso hablaremos en otro libro.

No hay nada más triste que lidiar con cristianos que se creen libres, pero caminan atados. Eso es lo más terrible, creyentes que dicen: *"Yo tengo a Cristo, soy libre"*, pero no es cierto, están atados y necesitan ser liberados de la influencia del enemigo en muchas áreas de su vida, para que sean sanados. El pasado muchas veces nos enreda, nos atormenta y necesitamos ponernos en las manos de Dios para que complete la obra. Por eso, también los creyentes podemos ser portadores de una atmósfera dañina y contaminante. ¿Conoce usted a alguno? No lo juzgue, ore por él, y tome control en oración para que pueda ser libre de la atmósfera que carga.

Tercero: Dominación del alma

¿A qué me refiero con la *"dominación del alma"*? A la brujería. Toda persona que practique o haya practicado brujería y esté atada a esa área todavía, tiene una activación y una atmósfera espiritual de muerte sobre su vida. De modo que se preguntan *"¿Por qué tantas personas de mi familia han muerto precozmente?"*, *"¿Por qué hay tanta incidencia de cáncer en mi familia?"*. Según los descubrimientos científicos, el cáncer y las enfermedades autoinmunes son causados por un factor genético, estoy de acuerdo, pero detrás de la genética también opera una atmósfera y una genética espiritual.

Usted va al doctor porque genéticamente tiene predisposición al cáncer o al lupus; pero lo que hemos visto en estos años es el testimonio de personas que han estado predispuestas al cáncer y al lupus genéticamente y Dios las ha liberado.

Frente a mi escritorio acabo de recibir esta semana los exámenes médicos de Rosa Flores, quien por varios años padecía de osteoartritis, fibromialgia y lupus. Su profesión es fisioterapeuta, pero desde hacía varios años no podía ejercerla por el dolor que padecía en sus manos, además de los padecimientos que le causaba su diagnóstico de lupus, una enfermedad autoinmune.

Detrás de su cuadro clínico se escondía un patrón de falta de perdón, resentimientos, prácticas profundas de ocultismo y hechicería, pero cuando Rosa recibió el mensaje de un evangelio donde todo está incluido, salvación, sanidad, liberación, prosperidad integral, entonces su vida comenzó a experimentar un cambio radical. En una de nuestras reuniones, Dios produjo un rompimiento sobrenatural que recibió la evidencia en su cuerpo de que Dios la había sanado. Sus síntomas de lupus, osteoartritis y fibromialgia desaparecieron. Le pedimos que fuera a su doctor para documentar el milagro y aquí tenemos todos sus resultados completamente normales, para la gloria de Dios. Cuando cambias la atmósfera espiritual se produce también un cambio en el ámbito natural.

Cuarto: Momentos de debilidad emocional

Detrás de momentos de debilidad emocional puede haber un cambio de atmósfera en su vida. Le pongo un ejemplo para que me comprenda mejor, usted está en una esquina y un carro atropella a una persona y usted dice: *"¡Ay! Que no me pase a mí. Que no le suceda a mi familia"*; a partir de esa experiencia traumática puede entrar un espíritu de temor en su atmósfera que se aprovecha de una debilidad emocional para marcarle.

Cinco: Actos y hábitos pecaminosos

Cuando usted practica el pecado, está activando una atmósfera a su alrededor. Por ello, les digo siempre a las parejas que viven en lo que en el lenguaje moderno le llaman "unión libre": *Cásense, alinéense con Dios para que les bendiga; no tienen que hacer una fiesta ni una mega boda. Ustedes tienen que ponerse en línea con Dios para que Dios bendiga su generación"*. Lo más importante en una celebración matrimonial no es el pastel, los invitados ni la comida, lo más importante es el pacto que ocurre en ese lugar.

El pecado trae una activación sobrenatural de una atmósfera pesada y de muerte.

Sexto: Vocabulario

Lo que yo hablo en mi casa es muy importante, hay palabras que deshonran, palabras que destruyen. La mesa fue diseñada por Dios para que la familia comparta ricos alimentos en la hora de la cena, se una y disfrute; pero la usamos para chismear, para maldecir, para hablar en contra de las autoridades y eso trae una activación negativa en la atmósfera.

El mundo espiritual es más sensible de lo que usted se imagina, y las palabras inapropiadas activan algo en la atmósfera que muchas veces se manifiestan en situaciones extrañas que luego suceden en las familias, y es necesario ir a la raíz, no a las ramas de aquello que lo activó. Le estoy hablando de esto en este libro porque sea usted escéptico, ateo, materialista, creyente, no creyente o religioso; usted va a estar afectado por la atmósfera que usted mismo construye.

He visto un denominador común: Hoy en día hay una fiebre por denigrar, perseguir y criticar ministerios que Dios ha usado o que está usando. Que tienen sus faltas o errores, claro... todos las tenemos, pero cuando alguien es figura pública sus errores son más expuestos y visibles.

Me asusta ver cómo tantos "cristianos" arremeten contra líderes acusándolos en las redes sociales de apóstatas, hijos del diablo, falsos profetas y cosas peores. He visto un denominador común en todos los años que llevo caminando con Dios: Todos los que hablan mal de los ministros (con razón o sin ella) viven en pobreza constante, miseria espiritual, muerte espiritual, aun sus propios hijos muchas veces no quieren saber nada de Dios y de la iglesia, y en otros casos, no salen de una enfermedad y les espera otra. ¿Por qué? Porque no somos llamados a sacar la cizaña del trigo (si este fuera el caso). Dios no te llamó a usar tu boca para maldecir o criticar o hacer cartas denigrando a personas que Él mismo llamó. Por eso, Dios siempre defiende a los que Él llamó. Usted se meterá en problemas graves cuando lo hace. Si usted no está de acuerdo con una posición de un pastor o de una iglesia, pues sepárese, váyase, pero no use los medios para tratar de causar estragos, porque se convertirá en un boomerang para usted. Usted estará creando una atmósfera que tarde o temprano se le virará en su contra.

Séptimo: Los secretos del corazón

Los secretos del corazón activan el mundo espiritual y activan la atmósfera en nuestras vidas. *"Fíjate, te voy a decir esto, pero no se lo digas a tu esposo"*. *"¡Que tu esposo no se entere de lo que te voy a contar!"*. *"Esto es entre nos"*. Esos, los secretos del corazón, activan las atmósferas negativas en contra de nuestra vida.

¿Cuántos hombres hay sentados en el área de desórdenes en la sexualidad y en el área de la pornografía? No se atreven a decirles a sus esposas: *"Estoy lidiando con la masturbación. Estoy lidiando con la pornografía"*. Ellos dicen: *"¡Mi esposa me mataría si se entera de esto!"*. Usted necesita decir: *"Esto es una batalla de dos"*. Únase con su esposa y diga: *"Yo quiero salir de esto. Quiero salir adelante"*.

Usted necesita entender que aunque crea que no daña a nadie con su práctica a la cual Dios le llama pecado contra su cuerpo, mientras usted lo práctica se activa una atmósfera que afectará la vida de sus hijos, afectará sus finanzas y hasta la salud del hogar. Cuando el sacerdote no ocupa el lugar que le fue asignado por Dios, hay un vacío de poder y de autoridad que el enemigo va a usurpar. He visto que cuando un hombre no ocupa su lugar como sacerdote llevando a su familia la presencia de Dios, y por el contrario, abre puertas en su vida a hábitos como el consumo de pornografía, la masturbación y otras prácticas pecaminosas, SIEMPRE se refleja en la salud del matrimonio, en situaciones y comportamientos extraños en la vida de sus hijos incluyendo enfermedades y muchas situaciones más que son activadas por puertas que provocan la activación espiritual de una atmósfera dañina.

CAPÍTULO 3

¿Cómo acceder a lo Invisible?

*"No mirando nosotros las cosas que se ven, sino las que no se ven; pues las cosas que se ven son temporales, pero las que no se ven son eternas." **(2 Corintios 4:18)***

Había un edicto real que amenazaba la vida de los jóvenes hebreos que habían sido transportados a Babilonia, y Daniel, uno de los jóvenes hebreos que había sido transportado, sabía que la única forma de cambiar la realidad que veían sus ojos era accediendo a lo que yo le llamaría el uso de la *"tecnología del Cielo"*, a través de un irrumpir en esa atmósfera celestial. ¿Cómo lo hacía? Orando a Dios de rodillas, creando una atmósfera espiritual en la tierra que lo conectaba con la presencia de Dios.

Parecía inoperante ver a un hombre que, a punto de la muerte, tratara de resolver problemas tangibles con posiciones, edictos y palabras que parecieran intangibles, pero él conocía la manera para revocar ese edicto: Daniel había descubierto el poder para cambiar una atmósfera de muerte por atmósferas de vida y de justicia. ¡Su método resultó! Los que leen la historia, conocen cómo Dios hizo que Daniel saliera ileso de la muerte y fuera un testimonio de salvación sobrenatural.

Y no solo eso, sino que también fuera reconocido y honrado por el rey Nabucodonosor.

Usted, que lee este libro, hoy puede ser el día en que acceda a la tecnología del Cielo que tiene Dios para usted y que pueda tener resultados diferentes.

Como mencioné en el capítulo anterior, el mayor enemigo del cristianismo no es el satanismo, es el humanismo.

El error más grande del materialismo dialéctico, el humanismo, el ateísmo y todas estas filosofías que reducen al hombre a un ser completamente natural, es negar la existencia de la esfera espiritual, porque les ata las manos a sus seguidores y los entrena condenándolos a vivir limitados al conocimiento del mundo físico como su realidad más alta.

El materialismo y la filosofía marxista leninista (por ejemplo) priva al ser humano de descubrir la existencia del mundo espiritual, el ámbito correcto donde se corrigen la mayoría de los problemas del ámbito natural. Quien no entienda esta dinámica, andará por la vida como un hombre ciego, en un cuarto oscuro, buscando un gato negro que no existe.

¿Desea provocar cambios en el ámbito natural como es su matrimonio, sus finanzas, sus relaciones con los hijos? ¿Desea tener victoria sobre la depresión que podría estar enfrentando? ¿Desea cambiar diagnósticos y pronósticos emitidos por expertos en el ámbito natural y que para el hombre son irreversibles?

¡Es momento de que despierte a la realidad!

Toda esta lista anterior está ligada al mundo de lo natural, pero los cambios y soluciones son más efectivos y acelerados cuando logramos acceder a la raíz y donde está la llave: el ámbito de lo sobrenatural o el mundo espiritual. Todo lo que vemos en al ámbito natural es la punta del iceberg, hay mucho más que necesitamos conocer y descubrir.

De igual manera, como el materialismo ata de manos y pies a sus seguidores, limitándolos solamente al conocimiento del mundo físico, visible y tangible, la religión ha colaborado en gran manera para que este tipo de experiencia también quede reducida al área de la razón y el intelecto.

La mentalidad y enseñanza religiosa ha coartado al hombre el acceso al ámbito de lo invisible y lo sobrenatural.

Cuando Jesús caminó por esta tierra, su ministerio se caracterizó por lo sobrenatural.

> *"El Espíritu del Señor está sobre mí, Por cuanto me ha ungido para dar buenas nuevas a los pobres; Me ha enviado a sanar a los quebrantados de corazón; A pregonar libertad a los cautivos, Y vista a los ciegos; A poner en libertad a los oprimidos; A predicar el año agradable del Señor".* **(Lucas 4:18-19)**

Me resulta difícil de creer que sus seguidores no sean un reflejo de lo que Él hacía mientras caminaba en esta tierra.

Algunos eruditos y conocedores de la Biblia han concebido a Dios solamente como un Dios histórico, y la historia solo sirve para contarse y aprender sobre ella, y recordar acontecimientos del ayer.

Dice la Biblia que Jesús anduvo predicando el evangelio, haciendo milagros y sanando a todos los oprimidos por el diablo. *(Mateo 4:23)*

Me parece un contraste muy marcado ver a la iglesia de Jesucristo de hoy; esa misma que Él fundó en Jerusalén, y a la que empoderó en Pentecostés para ser testigos de su poder y su autoridad; sustituyendo lo que Jesús hacía por pláticas cargadas de optimismo, motivación, entusiasmo, entretenimiento o teología, pero sin poder y sin ninguna manifestación que caracterizara a su fundador. Toda entidad debe parecerse a su fundador. Ese sería el mejor legado que este podría dejar de su obra.

Sin duda, la Iglesia, en muchas de sus modalidades, ha dejado atrás el mensaje del evangelio del Reino, y lo ha sustituido por otros evangelios que han intentado sustituir el verdadero mensaje del evangelio del Reino. De una manera muy velada y sutil, el enemigo ha querido convertir a la Iglesia, desde sus inicios, en una entidad natural, haciéndola ver como la encargada de tratar asuntos únicamente relacionados, como, por ejemplo, ayuda benéfica y caritativa, de mantener los valores éticos y morales a través de la expresión del amor y la ayuda al prójimo. Todo esto es necesario, pero no es toda la verdad, ni un 20% de lo que la iglesia ha sido llamada a ser. La Iglesia es llamada a transmitir el amor de Dios, también de tener programas humanitarios y de ayuda al necesitado, es llamada a predicar valores morales y éticos.

De hecho, en nuestra congregación, durante la catástrofe experimentada en Houston debido al cambio climático en los últimos dos años, hemos proyectado parte de nuestros recursos a ayudar en zonas afectadas y expresar la fe por medio del amor al prójimo, enviando insumos y distintos recursos a las comunidades inundadas donde las pérdidas han sido cuantiosas. Tampoco escatimamos en apoyar financieramente a otras regiones del mundo donde sustentamos a los más débiles y necesitados a través de diferentes programas de ayuda a la comunidad. Pero entendemos que la misión y el enfoque principal de la Iglesia no es ser una entidad caracterizada en su labor social o benéfica, tampoco la labor principal de la Iglesia es ofrecer consejería, autoayuda y enseñar valores morales, todo eso es importante y parte de la visión de la Iglesia, pero no el núcleo del llamado de una Iglesia. Sin el poder sobrenatural de Dios es imposible que una familia pueda sostener valores y principios éticos y morales a largo plazo.

La Iglesia debe ser una entidad que cambie la realidad de la gente por medio del poder sobrenatural del mensaje del evangelio de Jesucristo.

Desafortunadamente, el evangelio de Jesucristo hoy tiene muchas prótesis o sustitutos. Pero las prótesis nunca van de acuerdo al diseño original de algo. Las prótesis son intentos de reemplazos de cosas que un día tuvieron una función, pero que algo hizo que se rompiera. Por eso, el Apóstol Pablo alerta a la Iglesia del peligro de "otros evangelios".

Algunos de estos "evangelios" justifican la falta de poder, enseñando que Jesús ya no hace milagros en el ahora porque estos solamente eran para la Iglesia incipiente que comenzaba en Jerusalén, reduciendo la obra de la cruz a ser una religión muerta y aburrida, donde ya no existen las señales, no hay signos de nuevos nacimientos, y sosteniendo que cualquier señal que se interprete como fuera de lo común o fuera del concepto de la normalidad es adjudicada a la obra de Satanás y sus demonios o simplemente una histeria colectiva o emoción.

Reducir la función sobrenatural de la iglesia a una función natural es uno de los peores efectos del humanismo dentro de la Iglesia de Jesucristo.

Por otra parte, el enemigo no pierde su enfoque: mientras que muchas universidades, casas de gobierno, alcaldías, escuelas están minadas por prácticas y enseñanzas provenientes del mundo ocultista sobrenatural, dando la percepción al mundo de que son los únicos *"justificados"* para caminar con ese tipo de acceso a la esfera sobrenatural, característico de los últimos tiempos, pues son empoderados por el poder de las tinieblas y por Satanás para adivinar, profetizar y predecir eventos del futuro, pero lo que se esconde detrás son espíritus demoníacos disfrazados de mentalidad contemporánea y de nueva era. Por eso, muchos de nuestros jóvenes son cautivados por este mover espiritual y comienzan a abrir puertas al ocultismo a través de la práctica de rituales como lectura de manos, consulta a la ouija, tan populares en estos tiempos, que hasta se encuentran de manera digital en aplicaciones en muchos dispositivos.

Jesucristo, al morir en la cruz del Calvario y resucitar, nos dio acceso por medio de la fe a la esfera espiritual, al expresar:

> *"Y acercándose Jesús, les habló, diciendo: Toda autoridad me ha sido dada en el cielo y en la tierra".* **(Mateo 28:18)**

La realidad de los tiempos en donde nos ha tocado vivir es interesante. Me entristece ver a estudiantes universitarios acudiendo a la ayuda de ocultistas, practicando la consulta a médiums, espiritistas, acudiendo como decía a la tristemente célebre ouija, al tarot, lectura de manos u otro tipo de estas prácticas. Aun vemos a celebridades de Hollywood haciendo pactos y ritos satánicos con deidades del mundo esotérico. No es un secreto escuchar sobre candidatos políticos o presidentes de naciones haciendo sacrificios espirituales y todo tipo de ritos y pactos que los llevan a adquirir poderes sobrenaturales, de alto nivel, para manejar los pueblos y subyugarlos. Detrás de todo esto está el principio de la atmósfera. Quien domina el aire, domina la tierra.

La mayoría de los gobiernos populistas tienen sus raíces de control en este tipo de plataformas ocultistas disfrazadas de *"cultura y tradiciones de los pueblos"* o lo que llamamos *sincretismos*.

Mientras tanto, gran parte de la Iglesia de Jesucristo no conoce el poder sobrenatural de Dios, lo han oído y leído, pero nunca han experimentado un encuentro vivo con Dios. Existe una generación de cristianos salvos por la fe, pero en su mayoría, su más alta motivación y expectación de la vida cristiana está enfocada en aprender el canto que está de moda, participar en actividades benéficas, recreativas y culturales que provee la iglesia. Buscan convertirse en lo que ahora llaman, en muchos círculos cristianos: *"voluntarios"*, cuya labor es servir en una congregación, ayudando al buen desarrollo de la reunión dominical, cargada de todas las buenas intenciones que produce la convivencia cristiana, lo cual me parece importante, pero ese no es el centro de la vida cristiana. Veo a jóvenes crecer dentro de la iglesia, pero sin una manifestación genuina de transformación, libertad y regreso al diseño original.

El fruto de una iglesia desconectada de lo sobrenatural son jóvenes que ahora llevan la droga a la iglesia, el sexo ilícito a la iglesia y consumen lo que algunas congregaciones les ofrecen, nada más allá que entretenimiento y algunas palabras de motivación y autoayuda espiritual.

En esta última generación de la historia de la Iglesia, Dios está levantando a una Iglesia remanente que camine en la revelación de los tiempos, que vuelva a retomar las armas del ayuno, la oración, la adoración genuina, el empuje en el espíritu, el regreso de la presencia de Dios a nuestras reuniones, y que se encienda la llama apostólica que los grandes hombres de Dios dejaron como legado. Se busca una Iglesia que cambie atmósferas, una Iglesia que camine a la altura de los hombres que caminaron en el poder sobrenatural de Dios y que murieron por su fe, pero que conquistaron reinos, taparon bocas de leones, evitaron filos de espada, apagaron fuegos impetuosos *(Hebreos 11)*.

No podemos culpar a esta generación por ser fría, indiferente y sin una relación genuina con Dios, si antes no vamos a la raíz que la provocó.

A principios de la formación de nuestra Iglesia, nos frustrábamos al ver a nuestros jóvenes, músicos, adoradores y líderes, que, aunque eran personas talentosas y sinceras, no lograban convertirse en una generación de adoradores genuinos y apasionados por la presencia de Dios, excepto dos o tres.

Mi esposa y yo salíamos frustrados de los servicios, porque no podíamos ver en ellos un fluir genuino, entregado en su adoración.

Nos dimos cuenta de que pasábamos gran parte de nuestro tiempo, al llegar a nuestra casa, hablando y comentando nuestras frustraciones.

Platicábamos entre nosotros... ¿Por qué los músicos no pueden cambiar la atmósfera del servicio?

Por otra parte, veíamos a nuestros jóvenes en los servicios totalmente desconectados de la presencia de Dios, desganados, sin impulso, texteando en sus celulares durante las reuniones del domingo.

Eso nos preocupaba y nos frustraba. A veces nos consolábamos diciéndonos: *"En América los jóvenes son así"*, *"tenemos que adaptarnos a la cultura"*, *"seguramente en el fondo aman al Señor"*.

Soñábamos con una banda musical que estableciera la presencia de Dios mientras adoraban, que cambiaran atmósferas, que produjeran que el Reino se estableciera aquí y ahora. Salíamos de los servicios totalmente frustrados y confundidos.

No fue hasta que una noche, el Señor le reveló a mi esposa y le dijo: *"No los juzguen, ni se quejen más porque no sean lo que ustedes esperan que sean, enséñenlos y fórmenlos ustedes para que sean unos verdaderos establecedores de atmósfera".*

Nos dimos cuenta de que los responsables éramos nosotros, no ellos. Algunos habían heredado una cultura de inapetencia a lo sobrenatural, otros provenían de un ambiente frío donde la presencia de Dios no era manifiesta. Hacía mucho tiempo que quienes estaban a cargo de atraer la presencia de Dios, le habían cerrado las puertas al Espíritu Santo. Uno de nuestros líderes de músicos era graduado de un Seminario Bíblico donde fue marcado por un espíritu religioso y legalista con el que tuvimos que lidiar para sanarlo y que fuera libre para entrar a la nueva temporada que Dios tenía preparada para él.

En otras palabras, ellos eran el fruto de la atmósfera donde habían sido formados y no conocían cómo salir de esa condición.

Los padres de familia y los líderes espirituales de un lugar cargamos la responsabilidad delante de Dios de llevar a nuestras generaciones a cumplir con el llamado y el propósito eterno para los cuales fuimos escogidos por Dios.

Llevamos la responsabilidad eterna de traspasar a nuestra generación el mensaje de un Dios histórico, que a la vez es un Dios real y sobrenatural.

Ahora: nuestro mayor reto era llevarles a conocer una nueva atmósfera y después enseñarles a establecerla. Han pasado unos años y la transformación ha sido importante. Nuestros jóvenes en su mayoría son jóvenes *"contracultura"*. Ellos no se adaptan a la cultura que heredaron, ellos establecen la cultura del reino.

Les enseñamos a identificar qué tipo de canciones atraen la Presencia de Dios y provocan una atmósfera de libertad.

Muchas de las canciones que se escuchan en las emisoras cristianas y se cantan en los altares de las iglesias están enfocadas en la urgencia de las personas, las frustraciones o experiencias de vida de la gente. Muchas son hermosas y no está mal cantar experiencias de vida, pero las canciones que atraen la presencia de Dios son aquellas que hablan y exaltan los atributos de Dios, sus hechos, sus cualidades y sus obras.

Dios es Santo, Dios es fiel, Dios es bueno, Dios es Omnipotente, Dios es Sobrenatural. A eso llamamos *"ministrar el corazón de Dios"*. Cuando nos enfocamos en exaltar la grandeza de Dios, entonces Dios se ocupa de derrotar nuestros adversarios, de derribar los muros de contención que nos intentan detener y de llevarnos a cumplir nuestro propósito eterno. A eso llamamos *"crear una atmósfera espiritual de la presencia de Dios"*.

Hoy nos apasiona verles envueltos en la presencia de Dios en sus reuniones, apasionados por ella y adiestrados para percibir las atmósferas espirituales.

Nuestra banda ya conoce lo que es el poder de crear atmósferas. Ellos perciben y disciernen las atmósferas y son verdaderos establecedores de ellas, a tal punto que quienes participan, dicen: *"realmente Dios está en este lugar"*.

Líderes, pastores, no se frustren cuando un líder, un músico o un discípulo no llena la expectativas que usted tiene con ellos. Enséñelos, entrénelos, invierta tiempo en educarles y llevarles a la estatura que usted desea. La razón del porque hay muchos líderes estancados es porque necesitan a alguien que los saque del estancamiento y les enseñe el *"cómo"* hacer las cosas.

**No podemos llevar a nadie a un lugar
si nosotros no hemos ido antes.**

Si la iglesia y el liderazgo ven que su líder o su pastor no adoran, no se involucran en la atmósfera de alabanza y adoración, ellos nunca lo van a hacer. Porque una iglesia es el reflejo de la cabeza. Recuerde que todo lo bueno baja de la cabeza, y lo malo también. Recuerdo cuando era niño, crecí y me desarrollé en un ambiente donde mis padres en casa recibían a los predicadores y pastores invitados que venían a compartir sus enseñanzas. En aquel entonces les llamábamos *"campañas"*.

Me gustaba mirar el comportamiento, las palabras y aun los gestos de cada predicador que venía a nuestra iglesia, para luego ponerme frente al espejo a imitarles porque un día quería llegar a ser como ellos. Hubo algo que siempre me pregunté y de lo cual no tuve respuesta hasta hace unos años. Algunos de los predicadores invitados a las campañas o conferencias no llegaban a la reunión hasta el momento exacto de subir al púlpito y comenzar a participar.

Minutos antes estaban *"encerrados"* en un salón, esperando el momento de su participación. En otros casos, llegaban a la reunión, pero se sentaban en la banca, y mientras que el pueblo estaba adorando, ellos estaban inmóviles, con la cabeza inclinada, como haciendo ver que estaban concentrados en el sermón que compartirían esa noche. Me preguntaba por qué algunos de ellos no se involucraban en la adoración.

Yo preguntaba el porqué de esa postura o posición y alguien un día me lo explicó, diciéndome: *Ellos están tan llenos de Dios que están orando en el cuarto hasta el momento de su participación y, simplemente, no necesitan hacerlo en público porque lo hacen en secreto.* Después entendí un principio: Lo que usted practica en secreto, le es fácil hacerlo o demostrarlo en público. Pero lo que no hace en secreto, le costará horrores hacerlo en público. La atmósfera que construye en su cámara secreta, se manifestará como adora en público.

> **¡Todo invitado a un evento debe participar y meterse con el pueblo en la atmósfera espiritual del momento!**

Esta vieja escuela nos hizo aprender métodos y conductas inconscientemente, que levantaban a una generación que no sabe construir su atmósfera, y, en consecuencia, se ven obligados a funcionar dentro de la atmósfera de alguien más.

Los líderes espirituales somos llamados a establecer atmósferas y enseñarles a otros a hacerlo. Cuando otros nos ven desconectados, estamos enviándoles un mensaje indirecto: que es posible tener éxito ministerial sin ser un creador de atmósfera o un adorador. Nuestra conducta en el área de la adoración pública refleja muchas veces cómo somos en nuestra adoración privada. Aunque no necesariamente sea un patrón, sí es un reflejo de nuestra casa espiritual por dentro.

Somos el fruto de la atmósfera que cargamos o heredamos. Si no somos capaces de construir atmósferas, entonces caminaremos en la atmósfera que alguien más construirá para nosotros.

En diferentes períodos de la historia, Dios ha levantado a hombres con una asignación para atraer el cielo a la tierra y hacer regresar la presencia de Dios al lugar en donde un día esa presencia fue contristada o apagada.

En el Antiguo Testamento, observamos que, durante períodos, cuando la palabra y la revelación escaseaban, Dios levantaba de entre una generación que caminaba en oscuridad y falta de temor a Dios, a personas con la asignación de despertar el espíritu del pueblo y volverlo hacia Dios, hacer cumplir su Palabra y su deseo en la tierra.

Samuel era un joven que había crecido en un ambiente donde la corrupción en la cúpula religiosa había provocado que la presencia de Dios se fuera del lugar. Me refiero al sacerdote Elí y su familia. Dios levantó a Samuel y lo primero que hizo fue darle una experiencia sobrenatural. Esa experiencia lo activó y le dio la autoridad espiritual que el sacerdote Elí había perdido.

Es probable que este libro llegue a manos de alguien que Dios esté preparando para ser el próximo Samuel de su casa, de su iglesia y hasta de una nación.

Tal vez usted se haya sentido desilusionado al ver cómo personas a su alrededor deberían caminar a la altura del nombre que cargan o del oficio que desempeñan, pero ha sido todo lo contrario.

Se ha preguntado por qué le ha tocado ver y ser parte de una atmósfera tan difícil, y, a veces, ha dudado del llamado que Dios tiene para usted. Incluso es probable que haya tenido la tendencia de hacer lo que ve en *"la casa de Elí..."*, pero ¡ESPERE!, Dios lo tiene ahí para activarlo como un transformador de atmósfera.

La atmósfera espiritual donde creció Samuel justificaba que él fuera uno más entre ellos.

Los hijos de Elí eran blasfemos, desleales, comían de la mesa de lo santo, vivían en profundos pecados sexuales, pero lo más triste era que Elí conocía sus actitudes y los consentía. El temor de Dios se había perdido y, en consecuencia, no había lámpara en la casa de Jehová.

El sacerdocio de hoy ha provocado que la presencia de Dios esté ausente de donde se supone que Dios está.

Hay una crisis en los días de hoy, pero una crisis no justifica la ausencia de *"Samueles"*.

Dios siempre tiene un remanente con el que trata en tiempos de crisis y caos espiritual, como el que vive hoy el mundo.

Samuel hubiera podido justificar su frialdad espiritual y su apatía hacia Dios debido a la atmósfera en que crecía, lo que veía y lo que aprendía.

Tengamos claro esto: El único ambiente que conocía Samuel era el que veía en casa de Elí. Su mamá, Ana, lo había dejado en casa del sacerdote cuando el niño tenía una edad temprana.

Era un ambiente nocivo y tóxico para su vida espiritual y para el propósito de su llamado.

Esto me enseña que el principio de la casa de Elí lo vamos a ver aún más en los días en que estamos viviendo… Hay muchas casas de Elí donde consienten el pecado y la vida distorsionada, pero estas actitudes siempre tendrán recompensas delante de Dios. Elí envejecía, pero Dios permanecía en el mismo lugar.

Cuando Dios se le reveló a Samuel, la Biblia dice que Samuel escuchó la voz de Dios y la confundió con la del sacerdote. La voz de Dios le llamaba diciéndole: *"Samuel, Samuel"* **(1 Samuel 3:1-9)**. Todavía en esa voz no había instrucciones, no había consejos, solo decía: *"Samuel, Samuel".*

Cuando le preguntó a Elí si lo había llamado, Elí le dijo que no… pero su perspicacia de viejo pastor, enseguida le permitió intuir que era Dios quien llamaba a Samuel.

Ojo: Dios decidió hablar sobre el futuro de la casa de Israel y la familia de Elí, pero curiosamente quien escuchó la voz de Jehová no fue Elí, quien por herencia o rango le debería haber tocado escuchar, pues, Dios siempre hablaba a la cabeza. Dios lo hizo con Samuel. Quien escuchó la voz de Jehová fue Samuel.

Dios está esperando encontrar una generación que lo primero que sepa sea escuchar su voz, para después darle instrucciones.

La voluntad de Dios es progresiva. Me impresiona que Samuel no recibiera instrucciones desde el principio, solo escuchó su voz y respondió al llamado.

Algo malo y terrible vendría sobre la casa de Israel, sobre Elí y sus hijos, pero tristemente y para su desventaja, Elí ya había perdido la capacidad de escuchar a Dios. Ese es el precio que pagar cuando perdemos el temor de Dios, antes que llegue la crisis, Dios siempre buscará un oído para hablarle y darle sus códigos secretos, pero a quien encontró fue a Samuel.

Hay mucha gente a quien Dios en un tiempo le hablaba, pero hoy se lamentan de que ya no han escuchado más su voz.

La voz de Dios se apaga en el mismo lugar donde nos habló la última vez y le dijimos que no o ignoramos sus instrucciones.

Si usted es de los que dicen que Dios ya no le habla, debe hacer un recuento sobre qué le respondió a Dios la última vez que Él le habló.

Samuel había aprendido a crear su propia atmósfera y por cuanto su atmósfera era edificada por él y no por los de la casa de Elí, todavía conservaba la capacidad de escuchar la voz de Dios y responderle: *"Habla Señor, porque tu Siervo oye"*. Dios se revela en atmósferas correctas. Hay muchas personas que me preguntan: *"¿Por qué Dios no hace esto conmigo y con aquella persona que no llena los requisitos sí lo hace?"*. Todo desemboca en el lugar de la atmósfera.

Cuando Dios decide hacer algo especial en la vida de alguien, busca una atmósfera que se parezca al cielo.

Cuando caminamos en soberbia, resentimiento, venganza o simplemente ofendidos, somos portadores de una atmósfera donde Dios no puede habitar.

La ofensa es el fruto de una atmósfera que alguien edificó para usted, y usted decidió funcionar en ella.

El resentimiento es el efecto de la atmósfera que alguien provocó que tuviéramos.

Tal vez, el abandono, la traición, el abuso físico, verbal o sexual le llevaron a vivir en una atmósfera *"justificada"*, pero no adecuada para que la presencia de Dios le visite y cambie su destino.

Quien anda por la vida ofendido, resentido, herido, carga una atmósfera de muerte y esterilidad espiritual.

Lucifer fue un ser que no fue creado para la guerra, sino para establecer y dominar atmósferas.

> *"Hijo de hombre, levanta endechas sobre el rey de Tiro, y dile: Así ha dicho Jehová, el Señor: Tú eras el sello de la perfección, lleno de sabiduría, y acabado de hermosura. En Edén, en el huerto de Dios estuviste; de toda piedra preciosa era tu vestidura; de cornerina, topacio, jaspe, crisólito, berilo y ónice; de zafiro, carbunclo, esmeralda y oro; los primores de tus tamboriles y flautas estuvieron preparados para ti en el día de tu creación. Tú, querubín grande, protector, yo te puse en el santo monte de Dios, allí estuviste; en medio de las piedras de fuego te paseabas. Perfecto eras en todos tus caminos desde el día que fuiste creado, hasta que se halló en ti maldad."* **(Ezequiel 28:12-15)**

La alabanza y la música son parte de la atmósfera del cielo. Cuando a un músico o a un adorador se le comisiona la alabanza y la adoración en una reunión, se le está entregando el derecho de administrar la atmósfera de ese lugar. Es por eso el cuidado de a quién se le entrega la atmósfera. Cuando la persona que tiene a cargo una atmósfera no está alineada al fluir y calibrada con la presencia de Dios, entonces, lo que establecerá será su propia atmósfera y no la del cielo. O establecerá una atmósfera contaminada con un fuego extraño que Dios nunca lo produjo.

La música establece una atmósfera, no solo por su sonido, sino también por el mensaje que transmite.

Ponga atención a esto: ¿En qué se concentran la mayoría de las canciones seculares que escuchamos por la radio y la televisión? Todas se concentran en el estado de ánimo, las experiencias, los sentimientos y vivencias de su autor.

Hay canciones que usted escucha que expresan la rabia, el dolor o la desilusión de una persona que ha sido traicionada, abandonada o que sufre soledad.

Otras canciones se enfocan en los deseos desenfrenados de alguien controlado por una pasión, un amor imposible o una rencilla amorosa.

Cuando usted escucha esa música, sin usted saberlo, la misma atmósfera que experimentó quien escribió la canción, a usted le está siendo impartida, porque la música establece atmósferas. Así tan poderosa es la atmósfera.

He tenido bastantes testimonios de personas que escuchan música con contenido secular que, sin percibirlo, comienzan a experimentar episodios de tristeza, depresión, soledad, ira, tormento, sentimientos de abandono o de autolástima y hasta escenas de discusiones en el matrimonio. Cuando les preguntamos si habían estado escuchando algún tipo de música, curiosamente sus estados anímicos son el eco del contexto de la canción que habían escuchado.

Aclaro: No toda la música secular es portadora de este tipo de atmósferas, pero sí su gran mayoría, porque nacen de una fuente que está desconectada de una relación personal con Dios.

A principios de la fundación de nuestra iglesia, encontramos que una de las adolescentes que asistía a nuestras reuniones se había aislado durante una jornada de práctica de la banda, encerrándose en el último nivel de nuestro edificio. Una de nuestras líderes rápidamente notó su ausencia en el grupo y la encontró encerrada e intentando tomarse una píldoras para atentar en contra de su vida. Lourdes (es un nombre reemplazado para cuidar su identidad) estaba experimentando una fuerte depresión y problemas de autoestima. Esa noche, Dios comenzó un proceso de liberación y sanidad interior en su vida, después de haber llamado a sus padres e informado de la situación. Una de las cosas que sobresalió, durante su período de recuperación, fue que llevaba algunos meses en los que se había hecho adicta a la música rock. Ella confesó que, después de haber comenzado a consumir este tipo de música, sus emociones empezaron a cambiar y su comportamiento también. Lourdes estaba siendo conformada a una atmósfera. Después de varios años, la vida de Lourdes es muy diferente, aprendió a establecer su propia atmósfera y a funcionar con ella. Hoy en día es una de nuestros músicos que hacen que la atmósfera de alabanza y adoración en nuestra congregación se llene de la gloria de Dios.

Recuerde: si usted no aprende a crear su propia atmósfera, va a funcionar con la atmósfera que alguien más creará para usted.

3 Aspectos a conocer para cambiar una atmósfera

1. Revelación del nombre de Dios

Moisés había sido llamado para cambiar la atmósfera del pueblo de Israel, que por bastantes años había estado bajo el yugo del Faraón.

Es importante notar que cuando una persona lleva muchos años bajo una misma atmósfera, esta se le hace normal y siente que aun la esclavitud le es familiar. Hay personas que han experimentado la opresión espiritual que han cargado durante toda su vida, por lo que el dolor se les hace familiar y desconocen que existe algo más. Así se encontraba el pueblo hebreo en Egipto.

Para Moisés era un gran desafío. Lo primero que tenía que hacer era sacar al pueblo de la atmósfera de esclavitud y llevarlo al desierto.

Anote que cuando Dios le da el mandato a Faraón, por medio de Moisés, que deje ir al pueblo, le dice lo siguiente:

> *Allí le dirás: "El Señor, el Dios de los hebreos, me ha enviado a decirte: Deja ir a mi pueblo, para que me adore en el desierto".* **(Éxodo 7:16)**

Anteriormente, cuando Moisés le preguntó a Dios sobre qué diría cuando le preguntasen quién lo estaba enviando a hacer semejante hazaña, sucedió algo curioso: Por primera vez, Dios se reveló por Su nombre.

> *"Dijo Moisés a Dios: He aquí que llego yo a los hijos de Israel, y les digo: El Dios de vuestros padres me ha enviado a vosotros. Si ellos me preguntaren: ¿Cuál es su nombre?, ¿qué les responderé? Y respondió Dios a Moisés: YO SOY EL QUE SOY. Y dijo: Así dirás a los hijos de Israel: YO SOY me envió a vosotros. Además dijo Dios a Moisés: Así dirás a los hijos de Israel: Jehová, el Dios de vuestros padres, el Dios de Abraham, Dios de Isaac y Dios de Jacob, me ha enviado a vosotros. Este es mi nombre para siempre; con él se me recordará por todos los siglos."* **(Éxodo 3:13-15)**

¡Usted no podrá hacer nada en la vida si no conoce a Dios! No podrá cambiar una atmósfera si no conoce al Dios que cambia las atmósferas.

Los tiempos que estamos viviendo son muy difíciles, por lo tanto, la revelación del nombre de Dios es imprescindible para poder establecer el ambiente correcto en lugares cargados y/o presionados.

El nombre de Dios es: YO SOY, que en idioma hebreo significa Yahweh. A la misma vez el nombre de Yahweh se traduce como: Autosuficiente, que no depende de nada ni de nadie para existir.

Cuando usted tenga revelación de ese nombre, sacará por conclusión que usted carga la presencia de alguien que no depende de nada ni de nadie para existir y que es autosuficiente para establecer orden.

Por consiguiente, el nombre del *Yo Soy* es más poderoso que cualquier ambiente de tristeza, temor, enfermedad o el nombre de la situación que usted pueda estar enfrentando.

Dios le dice: *Yo me convierto en lo que tú necesites para cambiar la atmósfera en la que te encuentres.*

Por favor: Haga una pausa y declare conmigo esta verdad:

Dios, dame la revelación de tu nombre. Abre mis ojos y todos mis sentidos espirituales para entender que tu nombre (Yahweh) es mayor que cualquier situación contraria de dolor o de confusión que hoy quiera controlar y entronarse en mi ambiente. Gracias, Señor, porque no dependes de nadie ni de nada para ser quien eres, por eso declaro que se establece tu presencia y tu gloria en mi atmósfera en este lugar.

Fernando y Lola son una pareja que comenzaron a visitar nuestra iglesia a finales del año 2017. Ellos no tenían conocimiento de ningún tipo en el ámbito espiritual y, mucho menos, en una relación personal con Dios. Ambos venían de una relación matrimonial anterior, con hijos de anteriores matrimonios y ni siquiera estaban casados por lo civil, vivían en lo que comúnmente se le llama *"unión libre"*.

Las amistades con quienes ellos se relacionaban eran personas iguales a ellos... no tenían ningún tipo de relación con Dios.

Uno de nuestros retos como pastores es enseñar a nuestra gente a producir un cambio en el clima del hogar, de la familia, del trabajo, donde por lo general están contaminados con ambientes de depresión, enfermedad, discusiones, traumas emocionales, entre otras situaciones. Si decimos que Dios tiene poder, tiene que haber una evidencia visible de ese poder, de lo contrario no serviría para nada cualquier cosa que podamos decir.

La gente de nuestra generación está cansada de religión y de escuchar a la iglesia hablar de un Dios histórico. La expresión de: *"Dios te ama"* o *"Dios es amor"*, tiene que ir más allá a un simple "cliché", necesita ser evidenciada por una señal visible, más allá de un gesto de amor, la generación de este milenio necesita una demostración sobrenatural del amor de Dios manifestada en poder. El poder sobrenatural de Dios manifestado permite que podamos entender mejor el amor sobrenatural derramado.

En uno de mis tópicos del mensaje del domingo, comencé a enseñar cómo cambiar la atmósfera del hogar y llenarla con el ambiente del Cielo, además, cómo atraer ese ambiente a nuestro medio. Enseñé que una de las maneras de hacerlo era limpiar el hogar de la misma forma en que lo hacíamos con una escoba y un desinfectante o ambientador de olores. Les enseñé que así mismo necesitábamos hacerlo continuamente en nuestra casa. Les expliqué que tal como una casa se ensucia de polvo, malos olores y suciedad cuando no se limpia, así mismo sucede en el ámbito espiritual en ese lugar. Les entrenamos en que una de las maneras de hacerlo es declarando palabras de bendición en nuestra casa y creando una atmósfera de alabanza y adoración a Dios, activando el poder liberador de la sangre de Jesucristo y unos cuantos detalles más.

Fernando y Lola tomaron esa estrategia como parte de su nuevo arsenal de recursos para establecer orden en sus vidas y en su hogar. Unos días después de estar visitando nuestra iglesia, recibieron una visita inesperada: se trataba de una familia que socializaba con ellos de manera regular. Las palabras de sus invitados al entrar a su casa fueron las siguientes: ¿remodelaste la casa? ¿Hiciste algún cambio en la pintura o en el diseño de la sala? ¿Qué hiciste que se nota un cambio tan grande en esta casa? Lola respondió: *"No he pintado, no he remodelado la casa, nada ha cambiado... ¡La casita esta igualita!"*. Pero ella sabía el secreto de ese cambio. La adoración en lo secreto se manifiesta en público.

¡Había ocurrido un cambio de atmósfera!, y un cambio de atmósfera produce sensaciones perceptibles a nuestros sentidos naturales. Realmente, la casa no había sido remodelada ni pintada recientemente, pero el cambio de atmósfera espiritual donde Jesucristo había sido declarado Señor de esta familia, había producido un efecto *"rompe vista"* en la mirada de sus amigos. Ellos percibían que algo había pasado pero no sabían explicarlo. El clima del hogar había cambiado totalmente.

Donde Jesús es el Señor, allí hay libertad.

Por esta razón, el mensaje de Jesús nunca fue de contenido religioso, sino que su mensaje principal era el establecimiento del Reino de Dios, establecer el gobierno espiritual de Dios y, por consecuencia, desplazar el control y la influencia de Satanás. Jesucristo sabía que representaba un reino, no a una religión.

Muchos de los cristianos hemos perdido autoridad legal sobre ambientes de enfermedades, pobreza, relaciones disfuncionales en nuestros hogares, porque estamos más preocupados de aspectos religiosos y teológicos que de establecer el Reino de Dios.

Antes de ser un establecedor de atmósfera, primero debe estar definida su identidad.

> **Un cristiano definido siempre será**
> **alguien protegido.**

No puede cambiar la atmósfera de su casa si antes no tiene la identidad de aquel que posee autoridad para desplazar un reino y establecer el suyo: Jesucristo.

Cuando limpia la atmósfera espiritual de un lugar, está estableciendo un reino y, automáticamente, desplazando otro reino. El mal y el bien no pueden coexistir, la luz y las tinieblas tampoco, la duda y la fe nunca han sido amigas. Cuando usted establece el reino de Dios, automáticamente desplaza el reino de Satanás. Establece luz donde antes hubo oscuridad.

Existen Personas sin cuerpos

Una de las cosas que más me ha impactado de tantas culturas congregadas en los Estados Unidos es la manera específica de cada una de ellas de expresar lo que ellos llaman *"espiritualidad"* o su relación con un *"ser superior"*. El denominador común es canalizar su espiritualidad a través del ocultismo, la idolatría y cultos a diferentes deidades. Todo esto me dio respuesta al porqué de tanta activación espiritual y oscurantismo en muchos de los hogares de América, incluyendo también los anglos. La diversidad de creencias y sincretismos han provocado que haya una activación en la esfera espiritual muy frecuente poniéndose de manifiesto en la vida familiar. Estas manifestaciones no precisamente provienen del mundo de la luz y la verdad de Dios, sino del mundo de las tinieblas.

Muchas familias se acercan a nosotros con la preocupación de cómo resolver manifestaciones espirituales que se experimentan en sus casas y que están fuera de su control afectando la estabilidad, hasta los hijos, como la parte más frágil del hogar. Ellos manifiestan haber visto objetos moviéndose de lugar, sonidos extraños, sombras oscuras desplazándose dentro de sus casas o habitaciones, gritos o voces escalofriantes: algunos testifican que hasta los niños son afectados por este tipo de experiencias al ser tan sensibles al mundo espiritual.

Estas manifestaciones no son otra cosa que una atmósfera espiritual cargada de *"personas sin cuerpos"* o espíritus demoníacos que son los causantes del caos, las enfermedades, ciclos de fracaso y tristezas en la familia. Cuando establecemos el reino de Dios en este tipo de situaciones y activamos el poder del nombre de Jesucristo y su sangre derramada, también vemos un denominador común... todo regresa a su diseño original. El poder de las tinieblas retrocede y regresa el reino de justicia, paz y gozo en la atmósfera que un día estuvo cargada y turbia.

En **Efesios 6:12,** la Biblia nos explica lo siguiente: *"Porque nuestra lucha no es contra sangre y carne (personas con cuerpo), sino contra principados, contra potestades, contra los poderes de este mundo de tinieblas, contra las huestes espirituales de maldad en las regiones celestiales."*

En esta generación que nos ha tocado vivir, esta clase de lucha se ha hecho más intensa, porque hay "seres sin cuerpo" que antes no estaban en esta tierra, pero que ya están, con el propósito de hacer la vida del hombre cada vez más difícil e infeliz. Esta lucha de la que habla Efesios 6 tiene el propósito de destruir el diseño original de Dios.

Esta generación está compuesta de gente inteligente y tecnológica, pero con las manos atadas frente a este tipo de manifestaciones y experiencias. Algunos cierran los oídos y los ojos, y se meten *"debajo de las sábanas"* para no escuchar, ver y experimentar la realidad oscura que les rodea.

Esta activación es cada vez más fuerte. ¿Cómo lo podemos evidenciar? Cuando vemos la violencia incrementada, la rebeldía en los hijos, el suicidio, la depresión, el aumento de las masacres en las escuelas y en las calles, la maldad y el deterioro de los principios del ser humano, el incremento del terrorismo, además de la exacerbación de la corrupción y la inmoralidad. La crisis y el divorcio en la familia van en aumento cada año. Por otra parte, el caos climático y el desequilibrio en la naturaleza, el incremento de las enfermedades desconocidas y muchos factores más.

Cada año que pasa es peor y mayor será esta activación espiritual en el ambiente que nos rodea.

Todos deseamos trascender y llegar a cumplimentar nuestros sueños, metas y anhelos del corazón, pero cada vez se hace más difícil si deseamos intentar hacerlo con armas naturales y físicas, en un mundo que cada vez está más controlado por la manifestación del poder de las tinieblas. Usted necesita el poder sobrenatural de Dios para trascender. No pretenda trascender sin una fuerza mayor y contundente que pueda levantar un muro de contención alrededor de su casa, de su familia, negocios o cualquiera de sus otros bienes preciados. La familia es una herencia de Dios, es por eso que Satanás ha enfocado toda su artillería en contra de nuestra herencia.

El plan del infierno es robar nuestra herencia y que pasemos por este mundo sin dejar un legado... Vivimos en una generación de huérfanos, en la que la generación anterior ha sido la responsable del espíritu de orfandad por no pelear las batallas y dejarle los gigantes vivos a la generación entrante. Cuando una familia es dividida, fracturada y arrancada, no podemos transmitir una herencia de bendición y nuestra próxima generación recibirá un ADN alterado y afectado por los descuidos de la generación anterior. Es triste ver cómo aun los hogares cristianos son blanco fácil de este armamento, porque la mayoría desconocen que las armas del enemigo se han perfeccionado, pero que también Dios tiene un arsenal contundente y sobrenatural que es la revelación de su Palabra para estos tiempos a través del poder sobrenatural de Su Presencia.

2. Sin revelación el pueblo perece

La palabra revelación viene del vocablo griego *"apokalúpto"*, que significa quitar la cubierta, develar, descubrir lo venidero. La revelación del poder de una declaración profética, Dios la ha dado a sus hijos como un arma para revertir, evitar, cancelar y anular decretos que el infierno lanza contra su familia y que usted desconoce que están sucediendo.

El espíritu de envidia, de celos, de venganza y altivez usa a personas para agredir espiritualmente nuestro territorio y, aun sin ellos querer, pueden ser usados para tratar de romper los planes que Dios tiene con una familia de reino.

Recuerde que lo esencial es invisible para los ojos y que el mundo sobrenatural no puede ser captado o definido por nuestros cinco sentidos, pues nuestros sentidos naturales pertenecen a una naturaleza caída y están sujetos al tiempo y espacio y al rudimento del mundo físico.

En los tiempos que estamos viviendo, hay una urgencia para la familia, porque las armas usadas por el enemigo para destruir y robar la herencia de la familia se han perfeccionado y, a menos que usted no levante su estándar de relación y conocimiento de Dios, su familia será un blanco fácil para ser destruida. No importa el tiempo que usted se haya denominado cristiano evangélico, ni la herencia religiosa que haya tenido, esto no le va a dar mayor o menor autoridad espiritual o revelación. Lo que hace que nuestro nivel de revelación sea incrementado es el grado de relación que tengamos con Dios.

¿Por qué necesitamos Revelación?

Porque hay problemas y situaciones difíciles que se van a presentar en nuestros días, en los que la psicología, la consejería y todas las diferentes ramas de la ciencia serán incapaces de darnos solución, y ni siquiera descubrir la raíz del problema.

Cuando Jesús se encontró con el joven que padecía de ataques de epilepsia, vemos en el Libro de Marcos, capítulo 9, que antes de hacer cualquier cosa a favor de este joven, *"Jesús le preguntó al padre: ¿Cuánto tiempo hace que le sucede esto? Y él respondió: Desde su niñez."* **(Marcos 9:21)**

> **Jesús estaba buscando la raíz y la fuente de su condición.**

Cuando usted logra descubrir la raíz de un problema y se abre sus ojos para ver lo que estaba *"detrás del velo"*, entonces descubre la importancia que tiene una atmósfera espiritual y la necesidad de cambiarla.

Detrás de cada realidad física existe una atmósfera espiritual, que es la que alimenta esa realidad física. Jesús deseaba saber cuánto tiempo llevaba este joven encadenado por Satanás. Cuanto más tiempo lleve el enemigo controlando una persona, mayor y profunda es la raíz que lo quiere mantener cautivo y la pérdida de la identidad de esta persona será más marcada.

Aclaro que no necesariamente todos los cuadros de epilepsia tengan un origen demoníaco, pero muchas de las epilepsias con etiología o causa desconocida sí lo son. Incluso, detrás de una mente o cerebro debilitado por una enfermedad mental, puede esconderse el enemigo, aprovechándose del área débil de esa persona, que fue afectada quizá por un trauma o dolor físico. Más adelante les contaré un testimonio que confirma este tópico que les acabo de comentar.

3. Su Atmósfera necesita protectores

Antes de la caída de Lucifer, la Biblia muestra una parte de su función en el cielo en el Libro de *Ezequiel 28:14-15*:

"Tú, querubín grande, protector, yo te puse en el santo monte de Dios, allí estuviste; en medio de las piedras de fuego te paseabas.

Perfecto eras en todos tus caminos desde el día que fuiste creado, hasta que se halló en ti maldad."

Dios lo llama protector. Realmente Dios no necesita que nadie lo proteja, porque Él es Yahweh, Él existe sin necesidad de nada ni de nadie, pero interesantemente, Lucifer era protector en el cielo. ¿Qué protegía Lucifer? Protegía la atmósfera y el ambiente de adoración. Él era el encargado de la atmósfera, él sabía cómo establecerla y cómo cuidarla.

Satanás no fue diseñado por Dios para hacer guerra, sino para cuidar atmósferas. Ahora vemos que él hace todo lo contrario, él tiene la habilidad de crear atmósferas de temor, de pleitos, de muerte, pero cuando un creyente descubre el secreto de la atmósfera espiritual, el enemigo no tiene autoridad, porque es descubierto y su mejor arma es la ignorancia de la gente. Mientras más él sea ignorado, más será su influencia en los territorios.

Una atmósfera espiritual se crea también como efecto de la concentración o la acumulación de decisiones y/o actitudes, palabras o estilos de vidas, que provocan una actividad espiritual en el aire, tanto buena como mala.

Una atmósfera espiritual se construye con lo que hablamos con nuestra boca, las verdades o mentiras declaradas, aprendidas o transmitidas por terceros que llegan hasta nosotros y que levantamos como bandera en nuestro estilo de vida.

Cuando alguien habla, está edificando una atmósfera con sus palabras.

Usted edifica en la mañana la atmósfera que su hogar tendrá por la noche. Desde que nos levantamos en la mañana, estamos edificando esa atmósfera que tendrá un impacto positivo o negativo sobre el clima espiritual que nos rodea y, lo más importante, esa atmósfera que usted edifica se moverá consigo dondequiera que usted se mueva.

Hay personas que abandonan iglesias, grupos de reuniones, para evitar ser afectados por experiencias negativas que vivieron, muchas veces provocadas por ellos mismos. Estos ignoran que la actitud que ellos tuvieron frente a ese problema que les llevó a huir, también se va con ellos y les perseguirá dondequiera que vayan, irán de lugar en lugar repitiendo ciclos y repitiendo historias, porque no han podido discernir que cargan una atmósfera que les provoca repetir los ciclos.

Cuando era niño, recuerdo que cada dos semanas aproximadamente, un conocido de la familia llegaba a casa a visitar a mis padres. Su lenguaje era siempre victimizarse y proyectar lástima sobre su situación financiera, sobre lo *"duro que lo trataba la vida"*. Cargaba un *"fatalismo geográfico"*, porque vivía en el campo y el resto de la familia en la ciudad. Se sentía la víctima de todo lo malo que ocurría a su alrededor. Siempre que tenía un logro, justificaba y trataba de explicar lo duro que le había costado. Recuerdo que en nuestros países nadie anunciaba su visita, todos *"caían de repente"*, a cualquier hora del día, y así pasaba con esta persona a quien llamaremos *"Kiko"* para no herir sensibilidades. Algo cargaba Kiko cuando llegaba a nuestra casa. Recuerdo que yo era un niño y, aunque no entendía muchos de los temas espirituales que hablaba la familia y no habíamos descubierto esta llave sobre la atmósfera espiritual, algo sí podía percibir: cuando Kiko se marchaba de la casa, se sentía que dejaba impregnado todo el ambiente que él cargaba, un ambiente de tristeza, depresión y fatalismo.

Después de algunos años, pudimos experimentarlo de una manera más evidente, pero esta vez contábamos con el antídoto. Nuestra hija era muy pequeña, Yoanny y yo éramos muy jóvenes, y recuerdo que había amigos y familiares que venían a visitarnos en el pequeño cuarto donde vivíamos durante los años que comenzábamos nuestro nuevo hogar, en 1987. Había una peculiaridad especial en una de estas personas que nos visitaba, cuando se despedía, nuestra hija de aproximadamente dos años de edad no dormía bien en esa noche, su humor cambiaba y solía padecer de llantos intermitentes y gritos de temor. Por otra parte, mi esposa y yo teníamos la tendencia a disgustarnos por cosas simples, y hasta terminábamos enojados el uno con el otro hasta el otro día. Tan pronto cuando descubrimos que este comportamiento estaba relacionado con la visita de esta persona a casa, comenzamos a orar y a establecer el poder del nombre de Jesucristo y su sangre, enseguida que esta persona abandonaba nuestra casa. No podíamos evitar que nos visitara, pero sí podíamos romper la atmósfera que esta persona cargaba. ¡El cambio fue radical! Nunca más nuestra hija padeció de este comportamiento. Fue una respuesta instantánea a nuestra oración.

Años después, descubrimos que esta persona no cargaba una atmósfera espiritual acorde con la autoridad que representaba. Su vida estaba carente de un encuentro real con la presencia de Dios y, por consecuencia, su condición espiritual no estaba alineada a una vida de comunión ni de intimidad con Dios.

Desde ese momento, comenzamos a descubrir los primeros rayos de luz sobre lo que hoy conocemos sobre el poder de una atmósfera espiritual.

¿Ha experimentado usted situaciones como estas o similares, después que recibe una visita en su casa, o siempre que visita un determinado lugar?

¿Ha tenido episodios de insomnio, irritabilidad sin explicación aparente, que usted no comprende por qué se siente de cierta manera, una vez que una persona le visita o que usted visita algún lugar? Ponga atención, es momento de despertarse y descubrir atmósferas que gobiernan sobre territorios donde el enemigo quiere irrumpir a través de personas, lugares e incluso cosas.

Después de esta experiencia, nos dedicamos a compartirles nuestro testimonio a las parejas jóvenes que han experimentado situaciones similares. Siempre que les compartimos este antídoto, comienzan a ver un antes y un después en sus vivencias con sus hijos y en su matrimonio.

Una palabra que se hable en una mesa del comedor de un hogar puede activar una atmósfera espiritual.

El mundo espiritual es más sensible de lo que usted pudiera creer. Vigile su atmósfera, cuídela.

Nunca deje de orar cuando despida las visitas de su hogar, recuerde que su casa, su matrimonio, sus hijos son un huerto donde usted es responsable de cuidar y velar por la calidad de la atmósfera espiritual que existe allí. Como mismo usted limpia el piso, quita las telarañas, desinfecta su ambiente de bacterias y gérmenes dañinos, así mismo debe hacerlo en el ámbito espiritual.

Usted no sabe qué actividad espiritual está sucediendo en su casa mientras usted habla entre amigos ni qué condición espiritual tienen las personas que le visitan.

Su casa, cada habitación y cada rincón de su hogar es el asiento de la presencia de Dios y es el lugar que usted más tiene que conservar sin contaminación.

Cuando usted desconoce este principio, está lidiando siempre con las ramas de un problema y no con la raíz.

Yadira Quintana y su esposo Ernesto son unos de los hijos espirituales de nuestro ministerio. Al llegar a la iglesia, Yadira padecía de ataques de epilepsia. Según el doctor que la trataba desde pequeña, estos episodios eran producto de un mal procedimiento médico que había ocasionado un trauma en su cabeza en el momento del trabajo de parto en su nacimiento. Yadira tenía que vivir tomando una dosis diaria de un medicamento anticonvulsivo, porque si dejaba de hacerlo, comenzaba a convulsionar.

Desde que Yadira llegó a nuestro ministerio, vimos en ella un hambre por la presencia de Dios, pero había muchas cosas que poner en orden en su vida. Ella comenzó a exponerse a una atmósfera provocada por la alabanza, la oración y la adoración. Su esposo Ernesto no tenía ningún interés por las cosas de Dios y, aunque no se oponía a que ella llegara a la iglesia, él estaba totalmente escéptico y apático en cuanto a buscar a Dios.

En nuestro ministerio, Yadira fue entrenada para cambiar la atmósfera de su hogar, estableciendo el reino de Dios en su casa a través de palabras en forma de declaraciones proféticas de fe sobre su familia, aun cuando lo que ella estaba viviendo era todo lo contrario a lo que deseaba ver.

Meses después, Yadira comenzó a notar que llevaba varios días sin tomar el medicamento y que no había tenido ninguna convulsión. Ella no podía dejar de consumir el medicamento más de dos días porque los episodios de epilepsia se hacían presentes, pero por algún motivo, olvidó tomar sus medicamentos. Personalmente, creo que Dios le permitió que fuera así para que pudiera constatar el milagro. Han pasado más de siete años y Yadira no ha necesitado ninguna terapia más, es una mujer libre de epilepsia, su esposo, de una manera sobrenatural, rindió su vida a Jesucristo y ahora sirven juntos al Señor.

Dios opera a través de leyes espirituales y estas leyes nos llevan a conocer más de su poder y su cercanía a sus hijos.

Las atmósferas se cambian a través de palabras

Una palabra suya puede tener un alcance en el mundo físico de, a lo sumo, trescientos metros, pero en el ámbito espiritual, una palabra suya puede viajar al infinito y corregir y ordenar todo lo que ha estado causándole dolor, desolación y muerte. Una palabra puede trascender en el ámbito espiritual e irrumpir en lugares de oscuridad y establecer la luz eterna de Dios.

Cuide, valore, corrija sus palabras,
porque tienen un alcance poderoso.

Una de las maneras de cambiar una atmósfera espiritual es a través de las palabras y declaraciones.

Jesús usaba mucho el poder de una declaración profética. Jesús hablaba sobre la higuera, y la higuera se secaba a los pocos días *(Lucas 13:6-9)*, Jesús hablaba a la distancia sobre el hijo del noble que estaba muriendo, y al llegar el noble a su casa, a la misma hora que Jesús había soltado la palabra, había ocurrido el milagro, *(Juan 4:43-54)*.

Una de las herramientas que Dios le ha entregado a la Iglesia es el poder de una declaración profética frente a las crisis.

¿Qué es una declaración profética?

Una *declaración profética* es hablar lo que Dios habla y, cuando lo hacemos, estamos estableciendo una atmósfera del reino de Dios en la tierra. Es el tipo de oración que establece verdades espirituales que aún no han sido vistas en el mundo físico: es la oración que entra al mundo espiritual, tomando una verdad de la palabra de Dios y ejecutándola para que sea establecida en el mundo físico.

Esta clase de declaración profética pide por aquello que no se ve todavía con los ojos físicos, pero está consciente de que ya Dios lo hizo. La oración profética logra traer al mundo físico lo que la Biblia me enseña que ya ocurrió en el mundo espiritual. Recuerde algo: el reino de Dios se origina desde un ámbito y una esfera espiritual. Es desde ese ámbito donde necesitamos atraer las cosas a nuestra esfera física.

Una declaración profética es una oración que irrumpe en el mundo espiritual y hace que se cree una atmósfera diferente en el mundo físico. ¿Cómo hacerlo?

Consiste en orar la palabra de Dios y orar con la palabra de Dios como instrumento de guerra. Cuando comienzas a hablar lo que el cielo dice, su vida entonces comenzará a verse como el cielo quiere que se vea.

La Biblia está llena de declaraciones proféticas sobre quiénes somos en Jesucristo y qué podemos tener cuando estamos en Él.

Una profecía no es otra cosa que hablar lo que Dios habla.

> **2 Corintios 5:17** dice lo siguiente:
>
> *"De modo que si alguno está en Cristo, nueva criatura es; las cosas viejas pasaron; he aquí todas son hechas nuevas."*

Cuando hablamos proféticamente, estamos alterando la atmósfera espiritual, irrumpiendo atmósferas oscuras y estableciendo los pensamientos de Dios en forma de bendiciones, palabras creativas y cosas nuevas para la vida de alguien. Necesitamos ir al futuro y traer en palabra todo lo que Dios ha prometido para nosotros y establecerlo en el presente. Si trabajamos y hablamos de acuerdo a nuestro presente, solamente vamos a contar con una realidad difícil, pero temporal. A nuestro alrededor vemos contratiempos, falta de recursos, inseguridades, crisis familiares o financieras, dolor, enfermedad, decepción. Es por eso que necesitamos identificar los pensamientos que Dios tiene de nosotros, informarnos de lo que Él piensa y está escrito y traer a nuestra realidad, en forma de palabras, quiénes somos en Cristo. Una vez que lo conocemos, necesitamos traerlo al presente mediante declaraciones verbales de su misma palabra.

Cuando no caminamos en la revelación de Dios, el mundo natural se convierte en nuestra realidad principal y esto nos corta las alas para llegar a nuevas dimensiones espirituales.

> En el libro de **Jeremías 29:11-12,** dice: *"Porque yo sé los pensamientos (planes) que tengo acerca de vosotros, dice Jehová, pensamientos de paz, y no de mal, para daros el fin que esperáis. Entonces me invocaréis, vendréis y oraréis a mí y yo os oiré".*

Cuando nuestros pensamientos son los de Dios, entonces sus palabras serán nuestras palabras, sus caminos serán los nuestros y sus planes serán hechos y materializados en nosotros.

Cuando perdemos la atmósfera del cielo

¿Qué ha sucedido con muchos de los movimientos de avivamiento que comenzaron en el siglo pasado con un impacto de fuego y de pasión por Dios?

En un tiempo fueron un ícono o una antorcha que marcó una generación, trayendo un vino nuevo y un mover sobrenatural de Dios, pero los sucesores o herederos de este avivamiento dejaron de depender de la presencia de Dios, descuidaron la oración y la intercesión y solamente se concentraron en la estructura, quedándose solo con las reglas y normas organizativas de ese movimiento, pero ahora sin movimiento y sin gloria, solo con reglas, legalismos y un lenguaje sin vida. El mensaje del evangelio, que es poder de Dios, en muchos círculos evangélicos se ha convertido en una religión más: La *"religión evangélica"* que es lo mismo que un vino viejo en odres viejos.

Anoto lo siguiente: **no es lo mismo El Evangelio que la religión evangélica**. Cuando una iglesia pierde la manifestación de la Presencia de Dios, se convierte en una religión igual a las demás.

El Evangelio son buenas noticias de Salvación, de Libertad y vida abundante que ofrece Jesús, pero cuando convertimos esa experiencia en recuerdos, reglas y tradiciones, solo nos quedamos con religión, y a eso es a lo que llamo: *"religión evangélica"*, muy parecida a la religión católica, con la única diferencia de no tener imágenes.

Cuando una iglesia o movimiento comienzan a vivir y a funcionar de los recuerdos de lo que un día fueron pero que ya no son, de lo que un día sucedía pero que ya no sucede, ese movimiento está en una profunda crisis y en un estado de emergencia de regresar al arrepentimiento y volver a traer la Presencia de Dios a casa.

Esta es la situación de la iglesia en muchos lugares de América: en muchos círculos cristianos ha habido un reemplazo de la Presencia de Dios. Así como la religión católica en América Latina se ha convertido en la religión tradicional del pueblo, de la misma manera en América lo es la religión evangélica. Lo que un día fue una iglesia llena de poder, testimonio y mover sobrenatural de Dios en Estados Unidos, ahora se convierte también en la "religión evangélica del pueblo". Es muy fácil llenar las iglesias en Semana Santa y Navidad como mismo sucede en América Latina con la religión tradicional.

En Inglaterra, Francia y muchos lugares de Europa caracterizados por fuegos de avivamiento, ha sucedido lo mismo. Vemos una iglesia histórica pero sin poder de transformación de atmósferas y sin autoridad espiritual. Una iglesia que dejó de gobernar por medio de la oración, y ahora intenta gobernar por medio de asociaciones e influencias corporativas, pero no sobrenatural. Esto ha hecho que cada día tenga menos influencia espiritual, porque sin gobernar en el ámbito espiritual es imposible hacerlo en el ámbito natural. Una iglesia que no sabe cambiar atmósferas de ciudades, ni siquiera la de los hogares, camina en una parálisis espiritual a la que tiene que poner atención. Para la mentalidad del mundo, una iglesia es un centro caritativo y de benevolencia. Nada más.

Por la gracia de Dios, siempre hay un remanente que ha quedado en medio de la sacudida. Grandes hombres de Dios que no han perdido el filo y conquistan en el Espíritu primero para después conquistar en el ámbito natural.

Hay en América grandes congregaciones que aman la Presencia de Dios y cultivan atmósferas sobrenaturales. Hombres con el espíritu de TL Osborn, Billy Graham, David Wilkerson, William Saymore, y mujeres como Kathryn Kuhlman que cambiaron el curso de su historia solo con el don de aprender a cambiar sus atmósferas.

Hay un llamado del Espíritu en los tiempos de hoy a retomar posiciones de legalidad eterna, porque cuando caminamos en legalidad delante de Dios, nos perseguirá la luz eterna de Dios y nuestra generación no será una generación paralítica y hemipléjica espiritual, sino que transmitiremos la misma luz de Dios que un día nos posicionó a gobernar sobre la oscuridad que envuelve el siglo y la época.

> *"Recuerda, por tanto, de dónde has caído, y arrepiéntete, y haz las primeras obras; pues si no, vendré pronto a ti, y quitaré tu candelero de su lugar, si no te hubieres arrepentido."* **(Apocalipsis 2:5)**

¿Que heredan muchos de los hijos de algunos creyentes hoy? Heredan normas, reglas, y leyes de hombres, pero sin poder y sin movimiento. ***Heredan un vino viejo,*** una atmósfera pesada en el hogar, donde he escuchado decir a algunos jóvenes: amo a mis padres, los honro, pero no los admiro.

De lo que un día tuvo movimiento, ahora solo queda un *"lenguaje religioso y místico"* en algunas ocasiones, pero sin evidencia del poder sobrenatural de Dios. Una iglesia con normas, ritos y lenguaje religioso, pero sin poder. Cuando una iglesia se convierte en religión es el *"hazme reír"* del mundo y del infierno. Cuando un creyente vive desconectado de una atmósfera sobrenatural, su vida se convierte en una pantomima.

Hoy en día, hay muchos hijos de cristianos, y aun hasta de pastores, lejos de la fe cristiana porque la herencia otorgada fue de un vino viejo. Conozco naciones en donde algunos de los seminarios evangélicos de esas instituciones, que cada año recibían cientos de estudiantes, han cerrado porque no tienen jóvenes que decidan asumir el llamado de Dios, porque realmente no han conocido a Dios de la manera que necesita ser conocido. Sin embargo, también conozco muchos lugares en Estados Unidos que gradúan cada año a miles de estudiantes apasionados por reflejar a Jesús en su caminar, proyectando su ministerio con la misma pasión que los apóstoles en los tiempos de Pablo, Pedro y

Juan. Jóvenes que salen a las calles a orar por los enfermos, a fluir en dones de revelación, conocimiento y profecía. Entran en los hospitales, declaran la luz de Cristo y cosas grandes suceden en ese lugar.

En los tiempos de acontecimientos extremos y megas en los que vivimos: mega terremotos, mega volcanes, mega incendios, mega cambios climáticos, necesitamos una iglesia con una mega fe y una mega autoridad para cambiar la atmósfera que el infierno ha querido imponer en la tierra y a la iglesia. El creyente que no viva en una relación íntima en la presencia de Dios será anulado y absorbido por otras entidades que sí están cambiando atmósferas, pero para mal. Usted que lee este libro, ¿se atrevería a creer que si este libro llegó a sus manos no es para que lo tenga como fuente de información solamente sino como un recordatorio del Espíritu Santo a su vida de que todavía quiere usarle de manera sobrenatural?

Alternativas: Girar el timón o desaparecemos

Frente a la ausencia de poder y de autoridad espiritual de la iglesia, ahora algunos de los nuevos herederos de la tradición cristiana, han comenzado a girar el timón del barco a nuevos horizontes, pero alejando a la iglesia de su diseño original.

Dije tradición, porque quiénes realmente han tenido un encuentro con Dios no tienen tradición, tienen una relación. Quienes han mantenido la tradición pero sin relación y revelación, debido a la falta de poder y autoridad espiritual, se ven obligados a hacer ajustes en su teología, pero tristemente hacia el otro lado del péndulo: la "naturalización de la iglesia", es decir, una iglesia donde solo se tratan los asuntos del alma, pero sin una intervención sobrenatural de Dios.

> *"Y ellos le han vencido por medio de la sangre del Cordero y **de la palabra del testimonio** de ellos, y menospreciaron sus vidas hasta la muerte."* **(Apocalipsis 12:11)**

Cuando el mensaje del Evangelio lo convertimos en una religión, nadie se arriesga a dar su vida por una religión muerta y sin movimiento. Una iglesia donde no hay testimonio y no se aplica el poder de la sangre de Cristo, es una iglesia expuesta al ataque de las tinieblas y con fecha de expiración.

En los tiempos en que vivimos, es fácil predicar un mensaje que no tenga que ser demostrado, porque el predicador no necesita ser expuesto a la crítica, solo termina su participación y se devuelve a casa hasta el próximo domingo.

Lo que estamos viviendo hoy en muchos de los círculos evangélicos es el enfoque en traer una "buena palabra", incluso palabras profundas y con mucha información, pero con falta de revelación y demostración. ¿Por qué? Porque no saben construir atmósferas espirituales donde Dios se manifieste.

Cuando en un servicio a Dios, no hay manifestación de Su presencia, la vida cristiana se convierte en una **pantomima** y en un desfile de talentos.

Si bien es verdad que Dios está en todas partes por su omnipresencia, también es verdad que Dios no se manifiesta en todas partes.

***Dios se manifiesta donde hay una atmósfera
acorde a su naturaleza.***

Cuando usted construye una atmósfera de sanidad, Dios se va a manifestar sanando a los enfermos, porque usted está abriendo una oportunidad al Espíritu Santo para que se manifieste como el sanador. Usted está revelando y atrayendo el atributo sanador de Dios.

Si usted construye una atmósfera donde los atributos de proveedor y sustentador de Dios sean revelados al pueblo, seguramente sucederán milagros de provisión sobrenaturales.

Si usted predica una fe pero sustentada en el mañana, entonces, no sucederá nada en el presente.

¿Sabe por qué? Porque la fe no es para el futuro, la fe opera hoy. Si su mensaje de fe es para mañana, entonces se convierte en un mensaje de esperanza y no de fe. A muchos predicadores nos cuesta predicar fe en el ahora, porque esa fe tiene que ser demostrada en el presente, y tenemos temor de que no suceda nada y seamos expuestos a críticas. Cuando hay una atmósfera creada, prepárese para que comiencen a suceder milagros en su vida.

En el ámbito espiritual todo comienza con una atmósfera

*"...Y Dijo Dios, Sea la luz y fue la luz." **(Génesis 1:3)***

Antes de que en su vida comiencen a suceder eventos sobrenaturales, primero, usted debe ocuparse de construir o reconstruir su atmósfera. No se extrañe si se ve en la necesidad de derribar algunos patrones de pensamientos, estilos de vida, conceptos religiosos y mentalidades que no permiten que usted sea un portador de atmósfera del Cielo.

El apóstol Pedro cargaba una atmósfera espiritual, a punto de que con su sombra los enfermos eran sanados. El apóstol Pablo cargaba una atmósfera que provocaba que con la misma ropa que él construía carpas debajo del sol, la gente tomaba esas ropas y las ponía encima de los enfermos y los enfermos se sanaban.

El espíritu religioso y naturalizador de la iglesia ha parado este tipo de manifestaciones y las ha limitado al pasado. Por esa razón, en muchos lugares los cielos están cerrados. ¡Si deseamos ver grandes cosas de Dios, quitémosle los límites!

Si usted es un establecedor de atmósferas, sucederán milagros dondequiera que usted se mueva, en su casa, en su trabajo, en el parque, en el restaurant, porque la atmósfera se mueve con usted. ¿Está preparado para comenzar una aventura poderosa con una atmósfera de cielo? ¿Está preparado para que comiencen a suceder milagros en su día a día? ¡Este libro le va a sorprender!

¿Cuáles son las consecuencias de perder la atmósfera del cielo en la iglesia?

Primero que todo, al no tener acumulación de Dios en nuestra vida, no podremos ofrecer mucho al mundo. Veremos patrones repetidos como estos:

- Hijos que cuando cumplen la mayoría de edad se van al mundo, abandonan la iglesia y nunca más quieren saber del mensaje de la cruz.

- Reuniones aburridas y sin vida.

- Su iglesia se convertirá en un centro recreativo de entusiasmo y de entretenimiento, pero no de transformación y pasión por la presencia de Dios.

- Ya no más reuniones de oración ni de intercesión. Se le cierran las puertas a la palabra profética.

- No más noches de avivamiento y oración. Para este tipo de predicadores, esto forma parte de la vieja escuela.

¿Es su iglesia así? ¡Entonces escape por su vida! Usted no va a cambiar la iglesia, por mucha pasión o visión que tenga por cambiar las cosas. En primer lugar, porque usted no es el encargado de hacerlo. El encargado legalmente es la cabeza, el pastor.

Si usted trata de hacerlo, se convertirá en un secuestrador de vuelo. Y usted sabe cómo terminan los secuestradores...

En segundo lugar, porque delante de Dios no va a tener el respaldo espiritual para hacerlo. Todo comienza por la cabeza, no por las extremidades.

- La iglesia que pierde el movimiento y su énfasis en portar una atmósfera sobrenatural se resume con las siguientes palabras claves: Fellowship, Amor y Paz.

- Ahora hay un nuevo énfasis para las reuniones cristianas en los Estados Unidos y, tristemente, en otros países del mundo lo quieren imitar porque según ellos, es lo que se hace en América: Muchos servicios se convierten en noches de desfile de modas, o noches de postres, de espaguetis y pizzas, entrenamiento a mujeres para aprender a maquillarse, entre otras actividades recreativas.

- Lo que un día fue una casa de oración, ahora es una casa de entretenimiento, con atmósferas frías y llenas de personas cargadas de problemas y oprimidas, pero manteniendo una posición a la que llamamos imagen. Por eso, la gente viene con depresión a la iglesia y salen deprimidos. Llegan enfermos y continúan enfermos. En muchos círculos se ha perdido el diseño original de la iglesia. El enemigo ha querido entretener, adormecer a la iglesia para que conserve el nombre, pero pierda su autoridad y rol en el mundo de hoy.

Padres, es momento de despertar el espíritu de sus hijos

No se conforme con la religión tradicional y sin atmósfera de cielo. Si usted lleva a sus hijos a ambientes así, sepa que sus hijos están perdidos, con la mayor tristeza de estar perdidos dentro de la iglesia. Donde no hay una atmósfera de un mover sobrenatural que provoque al arrepentimiento y el cambio de vida, ahí no está Dios manifestado.

¡Escape por su vida!

Es el momento para que encuentre un lugar donde sus hijos sean confrontados con su realidad espiritual en donde sus corazones sean confrontados con el arrepentimiento y quebrantamiento en la presencia de Dios. Es saludable ver a sus hijos llorar tocados por Dios y no llorar en un centro penitenciario. ¿Cuánto tiempo hace que no ve a sus hijos llorar en la presencia de Dios? ¿Nunca los ha visto? Una atmósfera llena de la presencia de Dios provoca que el corazón de los hijos se vuelva hacia los padres y sobre todo, hacia una relación íntima con Dios. Sus hijos no necesitan ser entusiasmados ni entretenidos en la iglesia, sus hijos necesitan ser transformados por la atmósfera del cielo que traiga convicción y arrepentimiento de esos pecados a los cuales usted como padre está ajeno, pero que muchos se encuentran atrapados en el silencio de la condenación y la influencia de los amigos.

En un lugar donde un día hubo un mover genuino de Dios, pero hoy hay una atmósfera de frialdad espiritual e inapetencia a la presencia de Dios, con el tiempo se convertirá y se reflejará en una crisis que se reflejará en relaciones disfuncionales, crisis emocionales, adicciones, pobreza, miseria y muerte física antes de tiempo y muerte espiritual. Porque donde hay deudas no resueltas con el Espíritu Santo la atmósfera se vuelve densa.

Dele una orden a su alma y diga: ¡Que haya expansión! ¡Sea la luz! No soy llamado a ser como la mayoría. ¡SOY REMANENTE! HOY ME DESPIERTO Y ME PONGO EN MOVIMIENTO.

Donde el Cielo desciende, nada quedará igual.

Otra de las herramientas poderosas para establecer una atmósfera de rompimiento y de milagros es el poder de una declaración profética.

¿Qué es una oración profética?

La oración profética despierta el espíritu de una persona.

La oración profética es una oración establecedora de nuevos ambientes y atmósferas en el hogar, en el trabajo, en nuestras relaciones familiares, en nuestra comunicación con esas personas a las que llamamos "personas difíciles" en las finanzas. Donde la presencia de Dios se hace tangible, saca a la luz lo que aún no se ha manifestado en el ámbito natural, pero que ya existe, y provoca que se manifieste en el mundo natural.

La oración profética provoca que se despierte el espíritu de la persona por la cual usted está orando y profetizando.

> *"Y despertó el SEÑOR el espíritu de Zorobabel, hijo de Salatiel, gobernador de Judá, y el espíritu del sumo sacerdote Josué, hijo de Josadac, y el espíritu de todo el remanente del pueblo. Y vinieron y comenzaron la obra en la casa del SEÑOR de los ejércitos, su Dios..."* ***(Hageo 1:14)***

Es una oración que le habla a las circunstancias con autoridad.

Es una oración que despierta el espíritu de la persona que está inapetente de las cosas espirituales.

Si usted tiene un familiar, un hijo, un conocido o un amigo quien es una persona difícil, y a quien usted le ha hablado muchas veces de Dios, pero percibe que no entiende, que no tiene deseos de buscar a Dios, usted necesita entender que no significa que esa persona no quiera, sino que **NO** puede, porque su espíritu está apagado y desconectado de Dios.

¡Las palabras tienen poder para despertar el espíritu!
¡Ore proféticamente sobre su espíritu!

Eso también es cambiar la atmósfera espiritual. Este tipo de oración profética activa a los ángeles y cambia lo que ya ha sido establecido en lo natural.

Quien aprende a orar proféticamente, entiende el secreto de una acción profética trayendo liberación y bendición en medio de ambientes cargados de atmósferas de oscuridad.

Yo tenía un empleador con una personalidad muy difícil y problemática. Después de unos años de trabajar con él, percibí en mi espíritu que esta persona cargaba una influencia demoníaca muy fuerte. Sus estados de ánimo y su forma de tratarme ya me estaban molestando al punto de que le dije al Señor que lo alejara de mi entorno. Eso no sucedió, sino que esta persona cada semana que pasaba se ponía más difícil y hostil, con gestos en su cara que denotaban soberbia provocada por los celos hacia mi persona.

Un día escuché la voz del Espíritu Santo diciéndome: ¡Ora, y toma control sobre su espíritu! Yo pensaba que el Espíritu me decía que tomara control sobre los demonios que lo atormentaban, pero no, antes necesitaba tomar autoridad espiritual sobre su espíritu. Así lo hice en obediencia a Dios, y a partir de ese día, sucedió un cambio radical: antes de entrar a la oficina donde me encontraría con esa persona cada mañana, declaraba en voz baja pero audible diciendo: ¡Tomo control sobre tu espíritu en el nombre de Jesucristo! ¡Tomo autoridad sobre el espíritu de...! y mencionaba su nombre. De manera sobrenatural la personalidad de este individuo cambió radicalmente al punto de que, aunque yo sabía que no era de su agrado, su forma de tratarme cambió, comenzó a tener diferentes atenciones conmigo, hasta me llamaba por mi nombre de manera cariñosa. Una palabra puede cambiar la atmósfera espiritual que carga una persona, cuando tomamos autoridad sobre su espíritu.

En nuestra congregación, tenemos una tarjeta a la que llamamos *"Tarjeta de la Vida"*. En esta tarjeta, las personas anotan los nombres de otras personas familiares, amigos o conocidos, y oran por ellas, de una manera enfocada, declarando que el espíritu de esa persona es despertado y su sensibilidad espiritual es activada.

Los testimonios de personas que son activadas por una oración profética suceden cada semana.

La idea no es orar simplemente por la necesidad de esa persona, sino hablar sobre su futuro, profetizar la palabra sobre ellos y ordenar al enemigo a abandonar el territorio que ocupa en la atmósfera de ese ser querido.

El objetivo es traer a la esfera física lo que en lo espiritual es una realidad.

Cada momento de oración que usted tenga con Dios debe de estar *"sazonado"* con la oración profética.

Una oración profética declara, establece y activa lo que Dios dijo de una persona, de un lugar o en una familia, pero que todavía no se ha manifestado en lo visible.

Cuando usted se mueva en este estilo de oración, notará que sus sentidos espirituales serán cada vez más afilados para intuir en lo espiritual y sus ojos espirituales van a discernir con mayor facilidad la influencia de espíritus malignos escondidos detrás de actitudes, reacciones de personas, ambientes familiares y laborales y hasta lo que hay detrás de ambientes políticos nacionales.

Usted podrá acceder a los recursos espirituales, como la asistencia angelical y las manifestaciones sobrenaturales de los dones espirituales que Dios nos dio para los momentos difíciles que vive el mundo hoy.

Cuando descubrimos el poder de la oración y declaración profética, nuestro conocimiento de Cristo se acelerará y nuestro nivel de autoridad y confianza en Él, se incrementará como nunca antes; por consecuencia, seremos más maduros en nuestra relación con Dios.

Dios le dijo a Jeremías: *«Yo pongo mis palabras en tus labios. Hoy te doy plena autoridad sobre reinos y naciones, para arrancar y derribar, para destruir y demoler, y también para construir y plantar». **(Jeremías 1:10)**.*

Comienza a hacerlo hoy: si oras proféticamente, fervientemente, de manera enfocada e insistente por veintiún días, comenzarás a ver cambios radicales en todo lo que está estancado, estéril y sin soluciones aparentes.

CAPÍTULO 4

¿Cómo construir una atmósfera de Cielo en el hogar?

"Amado, yo deseo que tú seas prosperado en todas las cosas, y que tengas salud, así como prospera tu alma." **(3 Juan 1:2a)**

Por algún lugar hay que comenzar

Vivimos en un mundo donde todas las familias luchan y persiguen lo que el mundo llama prosperidad, o como comúnmente se le llama en América, *"El Sueño Americano"*.

El apóstol Pablo le escribe a uno de sus discípulos y le da una nueva llave sobrenatural para la prosperidad divina. La verdadera prosperidad sobrenatural comienza dentro y se manifiesta afuera. Toda prosperidad que comience por fuera, será temporal y a medias.

La prosperidad se construye en el hogar; no se trae al hogar.

* Mucha gente cree que una atmósfera de paz y prosperidad en el hogar debe ser importada desde la calle, por medio de nuestros esfuerzos y conquistas seculares, profesionales, financieras y espirituales, pero la verdadera prosperidad comienza desde una ATMÓSFERA en el HOGAR.

La mayoría de los conflictos, traumas, dolores, desconexiones del ser humano comienzan en el hogar y se manifiestan en las escuelas, en los negocios, en los puestos de trabajos. Es por esto importante comenzar una atmósfera de cielo en el hogar. Hace un tiempo recibí un mensaje que decía lo siguiente:

"Pastor, ¿Cómo puedo yo construir una atmósfera si hay tanta basura en mi mente, si hay tanto dolor del pasado? Son tantas las cosas que me han pasado, que yo no sé cómo construir esa atmósfera que usted dice. ¿Cómo puedo construir una atmósfera donde la presencia de Dios habite, donde yo me pueda manejar y moverme en el poder sobrenatural de Dios?".

Veamos la manera:

Edifique un altar en su casa

Estudios seculares han demostrado que en una familia donde ocurre una reunión familiar o *"altar familiar"* que incluye a los hijos, al matrimonio y a todos los miembros de la familia, para atraer la presencia de Dios y estudiar los principios eternos de Su palabra, al menos una vez por semana, el índice de rebeldía en los hijos, de divorcios, problemas de adicciones y ataques demoníacos sobre la familia son mucho más bajos que en una familia que, llamándose incluso creyentes en Dios y practicantes de una religión, no tienen esta práctica familiar.

Establecer continuamente una atmósfera de cielo en la tierra produce cambios radicales en la atmósfera espiritual de cualquier lugar en donde se levanta un altar produce una actividad espiritual en el hogar y provoca que haya un escudo de protección y cuidado sobrenatural dondequiera que sea levantado.

En días pasados, estaba hablando con el pastor Marcelo Harch. Él dijo: *"Llegó un momento en nuestra familia en el que todo se nos fue de nuestras manos, porque nuestros hijos adolescentes comenzaron a traer cosas a la casa, y comenzaron a ver series de TV o películas que yo sabía que no les iban a edificar en su vida. De pronto, el mayor me dijo: "No voy más a la iglesia, no quiero ir más a la iglesia". El otro lo siguió, se desanimó. Y de repente, unos niños que habían nacido en el conocimiento de Dios ya no querían saber nada de Dios. Yo clamé a Dios y le dije: "Señor, dame herramientas para que mis hijos vuelvan a tu corazón, que sus corazones vuelvan al tuyo. No sé qué hacer. Unos niños que han nacido en la iglesia, que conocen de ti". El Señor me dijo: Edifica un altar en tu casa".*

Cuando los hermanos vienen a consultarme sobre este tema, les pregunto *"¿Dónde tienes tu altar?", "¿Cuándo haces tu altar?", "¿Tienes un altar en tu casa?"*, recibo respuestas como estas: *"No, pastor, mi altar está en el carro; mientras yo voy manejando al trabajo. Dios sabe que yo desde ahí yo lo adoro".* Ese es un punto de encuentro o un momento de comunión, pero no es un altar. *"Mi altar está en el baño de mi trabajo".* Ese no es un altar, su altar debe comenzar en su casa, porque tiene que ser un altar solo suyo.

El pastor continuó diciendo: *"Dios me dio las herramientas. Me comencé a reunir con mis hijos, con mi es-*

posa y empezamos a crear una atmósfera de alabanza y de adoración en nuestra casa, con nuestra guitarra. Después hablábamos la Palabra, orábamos unos a los otros y le dimos la oportunidad al cielo de que nos visitara. La paz de nuestra casa cambió. Lo que cayó a partir de esa semana en nuestra casa fue sobrenatural; ya mis hijos comenzaron a buscar de Dios, porque Dios les comenzó a dar dones sobrenaturales a ellos: el don del conocimiento, el don de revelación. Dios llenó a mis hijos a tal punto, que salíamos a un comercio y mis hijos me decían: "Espérate un momentico que le voy a dar una Palabra a esa persona". Salían y les decían: "El Señor dice esto y esto otro. Usted está pasando por esto y por aquello". Y la persona comenzaba a llorar. Le preguntaba "¿Y cómo tú lo sabes?". Era el poder sobrenatural de Dios a través de esos jóvenes".

Entonces, él me decía: "*¿Dónde comenzó mi altar? ¿En la iglesia? ¡No! Ahora mis hijos han llevado el altar desde la casa a la iglesia; y ahora los dones que recibieron en la casa son los que manifiestan en la iglesia, orando por los enfermos, bendiciendo a otros jóvenes, ministrando sobre la juventud. ¿Por qué? Porque Dios me dio las herramientas. Yo comencé en la casa y lo llevé a la iglesia".*

La mayoría de las personas piensan que la espiritualidad se gana en la iglesia y se lleva a la casa; pero no es así, esto ha causado que sus hijos no quieran saber nada de Dios. Usted tiene que comenzar un altar en su casa.

¿Qué es un altar?

Un altar es un LUGAR O UN PUNTO DE ENCUENTRO entre Dios y usted. El altar es el punto donde usted se une con Dios y Él se une con usted. El altar es un lugar donde usted está haciendo mancuernas con Dios, le está diciendo: *"Señor, mira mi casa, estamos viviendo esta situación, este contratiempo"*. En ese lugar usted rinde cosas y mueren cosas. Cuando se está edificando un altar, el altar trae una activación atmosférica espiritual a favor de su vida.

¿Dónde está su altar? ¿En qué lugar está su altar? ¿En el baño de su casa? ¿En el baño de la oficina? ¿En el patio de su trabajo? Usted tiene que darse cuenta de que el altar comienza en la casa y termina en la iglesia.

¿Cómo se edifica un altar?

Primero, yo edifico mi espíritu para crearme una atmósfera, y **segundo**, en medio de esa atmósfera, lanzo una palabra de declaración profética por medio de la fe. Una de las cosas que hemos aprendido es a orar en el espíritu. Una de las formas más rápidas de cambiar una atmósfera es orar en el espíritu. Yo no sé si usted está de acuerdo con eso, pero le voy a contar mi experiencia y la de mi esposa. Esto nos ha cambiado la atmósfera en segundos. Cuando nosotros estamos en una atmósfera cargada, comenzamos a orar en el espíritu, empezamos a hablar en lenguas, a interceder en lenguas.

Cuando usted ora en el espíritu, está activando una atmósfera en lo espiritual que se activa desde el ámbito natural. Es algo rápido, algo que cambia de manera radical; pero tristemente, hoy en día en muchas iglesias que antes lo practicaban han dejado de hacerlo. Nosotros no somos ni nos consideramos pentecostales, ni bautistas, ni metodistas, somos sencillos creyentes normales en Jesucristo que hemos decidido creer y manifestar lo que Dios desea hacer en el ahora y no adaptarnos a conceptos religiosos ni legalistas. Dios es mucho más que eso. Cualquier doctrina bíblica sin revelación está seca y no produce cambios. Lo que produce cambios es la revelación de una doctrina bíblica. Cuando Dios es revelado, entonces es manifestado.

La pregunta está en por qué tantas personas viven atadas a la religión, pero sus vidas aún no han cambiado. Respuesta: porque no fuimos diseñados para ser religiosos. Jesús no vino a predicar una religión ni a conseguir seguidores y prosélitos, Él vino a hablar sobre un reino y ese reino es más que una institución evangélica, católica o protestante. Por eso lo llamó *"El Evangelio del Reino"* que no es otra cosa que *"Las Buenas Noticias del Reino"*.

Orando en el espíritu

Una iglesia renovada es una iglesia donde Dios siempre trae una revelación nueva. La revelación siempre tiene que ir *in crescendo*. Revelación es la **iluminación** de una verdad existente, pero que no ha sido entendida o descubierta. Otra vez entra la luz a tener un efecto e influencia importante en la atmósfera como hablamos al inicio. Dios le va a dar a usted revelación a través de los tiempos para diferentes tipos de eventos y situaciones en su vida. ¿Y cómo lo podemos lograr? Vuelvo otra vez, activándonos a través de la oración en el espíritu. Cuando usted ora en el Espíritu, usted está construyendo una atmósfera que produce una actividad espiritual producida por la luz de Dios. La misma luz que creó el universo, y desde esa actividad espiritual usted profetizará.

Haga la prueba: Cuando no tenga deseos de orar, cuando sus fuerzas estén en cero, cuando la presión por la que esté atravesando no le permita ver el futuro de manera clara y definida, enciérrese por una hora en su cuarto y comience a orar en lenguas. Cuando usted ora en lenguas al menos por media hora, está hablando códigos secretos desde su espíritu que se conecta con el Espíritu de Dios. Una frase en lenguas contiene millones de palabras contenidas en su espíritu. Cuando usted ora en lenguas, usted comienza a construir una atmósfera espiritual, porque usted está golpeando nuevos ámbitos espirituales que con palabras humanas son imposibles de lograr. Un minuto de oración en el espíritu equivale a más de mil palabras dichas con el entendimiento humano.

Algunas veces, tenemos que tomar decisiones y no sabemos cómo tomarlas, tenemos problemas y no le hallamos la solución, pero comenzamos a orar en lenguas y nuestro Espíritu es edificado y recibe el depósito que necesitamos para esa temporada específica que estamos viviendo.

Usted comprobará que después de ese tiempo, sus palabras tendrán un peso diferente donde quiera que vaya. Se manifestarán rompimientos continuos y victorias cada vez más frecuentes. Puertas se abrirán sobrenaturalmente y procesos que han estado detenidos se soltarán milagrosamente. Porque cuando oras en lenguas construyes una atmósfera que te acompañará en donde quiera que te muevas. Te costará menos conectar tu comunión con Dios.

Antes de descubrir esta llave, mis oraciones eran aburridas, centradas en mis deseos y mis emergencias. Me quedaba dormido mientras oraba y contaba los minutos para terminar de orar. Una vez que aprendí a orar desde una atmósfera profética, el estilo de mi oración cambió y también cambiaron mis resultados.

Cambia la atmósfera

Hemos visitado hospitales donde hay una atmósfera cargada de tristeza, sufrimiento y dolor, como ocurre en todos los hospitales. Decidimos que siempre que vamos un hospital a visitar a alguien, entramos por los pasillos hablando en lenguas, de modo que se tiene que cambiar la atmósfera de ese lugar, porque *donde hay un hombre o una mujer de Dios que carga una atmósfera de cielo, ahí habrá cambios*.

Usted, después de leer este libro, tendrá herramientas poderosas para cambiar su atmósfera. Su atmósfera ya no puede ser igual, la atmósfera *¡hay que cambiarla, y hay que provocar que suceda! En el ámbito espiritual nada pasa por pasar, hay que provocarlo.*

Dios no nos ha llamado a mover emociones, nos ha llamado a mover atmósferas, porque cuando se le cambia la atmósfera a alguien, le cambia la vida también. Cuando usted le cambia la atmósfera a una persona con cáncer, su vida cambiará para siempre.

Hubo algo que cambió la atmósfera hace dos mil años y fue cuando Cristo murió en la cruz del Calvario. Dicen las Escrituras que cuando Jesús murió en la cruz del Calvario, la atmósfera cambió, la tierra comenzó a temblar y el sol se oscureció.

Lo que usted está viendo en estos días no es solamente un cambio climático, también estamos viendo un cambio en el ámbito espiritual para el mundo, tristemente para mal. Por esa razón, usted ve que los accidentes aumentan, que los muertos a causa de la violencia en las naciones van en ascenso, cada día la maldad se incrementa. Hay un despertar de la violencia, del odio, de venganza ¿Por qué? Porque así como hay cambio en el clima del mundo, ha habido un cambio en la atmósfera espiritual del mundo. Y si usted no entiende esta verdad, será para su desventaja.

A través de este libro, quiero brindarle herramientas eficaces para cambiar su atmósfera en cualquier área que pueda estar enfrentando. No podemos cambiar al mundo, pero sí podemos cambiar el pedacito donde Dios nos ha puesto y llenarlo de una atmósfera de Cielo. No podemos pretender que se termine la violencia en las escuelas, en los centros comerciales o en las calles de su ciudad, porque todo es consecuencia de haber sacado a Dios de la agenda de una nación y caminar en contra de sus leyes, pero sí podemos decir: *"Mi familia no será víctima de la violencia, ni de actos vandálicos ni terroristas. Mis hijos caminarán con un cerco de protección que construyo todos los días por medio del poder de la atmósfera del cielo en la tierra".* Por eso, Jesús insistió tanto en la oración y cómo debemos orar: Vosotros orareis así: .... *Venga a nosotros Tu Reino.* Su Reino no es otra cosa que la manifestación de la atmósfera de Su presencia en la tierra.

Usted es un vencedor

"Caerán a tu lado mil, y diez mil a tu diestra; mas a ti no llegará". (Salmos 91:7)

Este verso no significa que no vamos a enfrentar tiempos difíciles. ¡Ojo! José estuvo preso en Egipto, a José lo vendieron como esclavo, pero él no tenía mentalidad de esclavo; a José lo echaron en una cisterna, pero él no tenía mentalidad de vivir en una cisterna, porque la atmósfera que él cargaba era atmósfera de cielo. José decía: *"Estoy en una cisterna, pero algún día voy a salir y ¡mi postrer estado será mejor que el primero! Voy a seguir soñando. Estaré arriba y no debajo. Estaré por encima"*, de ahí que Dios lo llevó en un proceso directo al palacio.

Podrás pasar por tiempos malos, sí. El mensaje del evangelio no te promete que no vas a pasar por vicisitudes, te promete que en medio de estos momentos eres más que un vencedor por medio de aquel que te amó. Por eso, la palabra *evangelio* se traduce como: *Buenas Noticias*. Detrás de cada proceso de dolor, de persecución o de sufrimiento, prepárate porque Dios tiene algo bueno que obrará para tu bien.

Tu Atmósfera te prosperará

> *"y que tengas salud, así como prospera tu alma."* **(3 Juan 1:2b)**

Hay un mensaje de prosperidad NO BÍBLICO e INCOMPLETO, es decir, una VERDAD A MEDIAS que no pide compromiso con Dios y nos exime de responsabilidades, pero sí nos hace creer que podemos acceder a las cosas de Dios.

1. La Prosperidad bíblica comienza dentro y se refleja afuera.

"... y que tengas salud, así como prospera tu alma". Todo comienza en el alma (dentro).

El apóstol Pablo compara la prosperidad del alma como la raíz de todas las demás áreas que necesitan ser prósperas.

El alma es el área de nuestra vida que se conecta con lo ETERNO, juntamente con el espíritu. Desde allí fluye hacia el exterior y expande el efecto.

> Después de Dios decir en **Génesis 1:3** *"Sea la luz, y fue la luz",* entonces, *"dijo Dios: Haya expansión en medio de las aguas, y separe las aguas de las aguas".* **(Génesis 1:6)**

LA ATMÓSFERA DE DIOS PROVOCA EXPANSIÓN

Repita en fe: ¡Haya expansión! ¡Haya expansión en mi territorio! ¡Haya expansión en mis finanzas! ¡Haya expansión en mi visión!

Una atmósfera del cielo provoca que nos extendamos, que no seamos escasos.

Así como prospera nuestra relación y compromiso con Dios, podremos experimentar la prosperidad física, emocional y material.

Nótese que el verso dice: **SALUD,** no SANIDAD.

La buena salud es consecuencia de que nuestra alma y espíritu estén alineados con Dios.

Por ejemplo: Cuando prosperamos económicamente y nuestra relación con Dios está fría, corremos el riesgo de perderlo todo.

La mayoría de las enfermedades tienen un origen psicosomático (se originan en el alma, en la imaginación, en las emociones).

Cuando nuestra alma y nuestras emociones no están alineadas con Dios, perdemos la paz y entramos en estrés.

El estrés aparece por la frustración de querer hacer con las fuerzas humanas aquello que solo Dios puede hacer. El estrés siempre nos apunta al futuro: cómo será mañana, qué sucederá mañana, pero la fe apunta al hoy.

Según este verso, la prosperidad de mi alma tiene que ser continuada por una prosperidad en todas las demás áreas, porque esa es la voluntad de Dios para sus hijos.

CUANDO USTED VE A DIOS COMO SU PROSPERIDAD, USTED JAMÁS TRATARÁ DE VER CÓMO LA CONSIGUE POR OTROS MEDIOS, PORQUE DIOS ES SU META.

Sus ofrendas testifican de su atmósfera

Maikel y Mercy son parte del liderazgo de nuestra iglesia. Hace unos años compraron una casa móvil, que tenían con su bote a la orilla de un canal en las playas de Florida, donde iban a pasar sus temporadas de vacaciones familiares.

Este fue un reporte de uno de los portales de internet en el año 2018:

El huracán Michael, que tocó tierra en Florida con categoría 4 y vientos máximos sostenidos de 155 millas por hora equivalentes a 250 kilómetros por hora, ha dejado grandes destrozos en el estado del Sol.

El ojo del huracán entraba por Panamá Beach, exactamente el lugar donde ellos tenían sus propiedades. Lo que hicieron, ante la noticia, fue declarar la atmósfera de Dios sobre ese lugar, a la distancia, porque se encontraban en ese momento en Houston. Maikel y Mercy tienen una empresa y son fieles ofrendantes y diezmadores en nuestro ministerio. Gracias al Señor, la cultura del diezmo y la ofrenda es algo que la misma iglesia ha aprendido a cultivar al ver testimonios sobrenaturales como consecuencia de sus siembras y de ser fieles al Señor en esa área financiera. Esto ha provocado que se convierta en una cultura.

Hemos enseñado que, cuando adoramos a Dios, la adoración debe ir acompañada por ofrendas de sacrificio. Ese era el secreto de los patriarcas. Ellos también descubrieron este principio y, como consecuencia, la protección de Dios estuvo sobre ellos milagrosamente. El gran testimonio estuvo cuando ellos entraron al área de la catástrofe en Panamá Beach: todas las casas alrededor estaban destruidas y perforadas con graves daños, postes de luces encima de las casas, árboles caídos, excepto su casa, en la que solo tuvieron que repararse algunos daños menores en el techo. Incluso las sillas de playa del portal de la casa se mantuvieron intactas, en el mismo lugar donde habían sido dejadas. El bote y demás propiedades también se mantuvieron sin ningún tipo de daño. Cuando usted descubre de dónde viene su protección y camina en ese principio, el mismo principio provoca una atmósfera de prosperidad y provisión.

2. La Prosperidad integral se construye desde una Atmósfera

Cuando usted vive en la atmósfera de Dios, está activado para vivir de acuerdo a lo que el cielo llama prosperidad y no de acuerdo a los conceptos del mundo, de prosperidad.

- Usted vive en la paz que proviene de Dios.
- Usted vive en el descanso que proviene de Dios.
- Usted vive en la salud que proviene de Dios.
- Usted vive con las finanzas que provienen de Dios.

> Moisés dijo: *"No iremos si tu presencia no va con nosotros". (Éxodo 33:15)*

Cuando el hombre puede entrar a la presencia de Dios, descubrirá que en la presencia no hay guerra. ¡No hay batalla espiritual!

¡La guerra es para entrar a la Paz!

Cuando decida construir una atmósfera donde Dios habite, usted tendrá guerra y oposición. La iglesia es un lugar donde la presencia de Dios es atraída y construida, pero a la vez es un lugar que es atacado por huestes del infierno para que no se sostenga. Por eso es importante antes de entrar a la paz que sentimos en la presencia de Dios, hacer guerra para conquistar ese lugar. La paz no solo es un estado del alma, la paz es un lugar que tiene resistencia para que no entremos a poseerla. Muchas personas al momento de venir a la iglesia tienen guerra para que no puedan llegar.

Cuando llegan a la iglesia, les cuesta enfocarse en la adoración (pensamientos contrarios, distracciones, preocupaciones vienen a su mente, recuerdos, imágenes mentales, problemas actuales). Todo eso forma parte de la guerra para que no entren al descanso que hay en Su Presencia.

Usted debe aprender a construir la atmósfera en su casa.

3. La atmósfera se construye en el hogar y se expande a la iglesia y al mundo.

"Y sucedió que mientras Aarón hablaba a toda la congregación de los hijos de Israel, miraron hacia el desierto, y he aquí, la gloria del SEÑOR se apareció **en la nube.**" *(Éxodo 16:10).*

"Y sucedió que cuando los sacerdotes salieron del lugar santo, la nube llenó la casa del SEÑOR y los sacerdotes no pudieron quedarse a ministrar a causa de la nube, porque la gloria del SEÑOR llenaba la casa del SEÑOR. Entonces Salomón dijo: El SEÑOR ha dicho que Él moraría en la **densa nube.**" *(1 Reyes 8:10-12)*

Las nubes son un lugar de almacén, de acumulación, de reunión.

Las nubes se forman desde una atmósfera. Las nubes son construidas en una atmósfera sostenida y continua.

Una Atmósfera espiritual no puede ser construida con un evento, una conferencia, un congreso. **Las atmósferas necesitan ser fabricadas, construidas y supervisadas por determinado tiempo donde hay acumulación de adoración, ofrendas, alabanzas y comunión continua con Dios.**

El pueblo de Israel caminaba en la gloria de Dios, y esa gloria se manifestaba como una nube (atmósfera). La consecuencia fue: que no faltó la provisión, sus ropas no se envejecieron, sus calzados no se desgastaron, porque la gloria, la presencia de Dios les mantenía prósperos.

En una casa donde hay alabanza, adoración y oración continua, se está construyendo una atmósfera que se evidenciará en forma de paz, gozo, prosperidad material, salud divina y protección.

Esto no nos exime de momentos de batallas ni de pruebas, pero sí nos exime de ser derrotados, porque la misma atmósfera preserva el territorio.

Construir una atmósfera requiere de responsabilidad

1. Una nube es un lugar de acumulación:

Así como una nube acumula vapor de agua, usted tiene una nube en su atmósfera donde acumula alabanza, adoración y eso provoca un rompimiento en atmósfera de prosperidad en su casa.

2. Una nube es un lugar de transporte:

Las nubes transportan agua, y se mueven por kilómetros impulsadas por el viento hasta el momento que rompe a llover. Cuando la gloria es manifestada en un lugar, tiene el efecto de que se lleva a dondequiera que nos movemos: el trabajo, la iglesia, la calle, el hospital. Cuando usted transporta la presencia de Dios, hay un rompimiento donde quiera que se mueva, porque usted se convierte en un portador de Su gloria.

3. Una nube es un almacén:

Cuando acumulas de Dios, tendrás sus recursos en tiempos malos. ¿Por qué esperar que sean los tiempos malos los que nos impulsen a almacenar?

En las temporadas de huracanes en Florida, cuando está a punto de entrar un huracán a las costas, no es el momento de almacenar agua ni comida. Se almacena agua y comida cuando todo está en calma.

Mucha gente quiere un milagro cuando no tiene nada en su nube que provoque ese milagro. Usted necesita almacenar fe, confianza en Dios y relación con Él mientras todo está en calma. Las amistades se construyen en tiempos de paz y se prueban en tiempos de tormenta.

Créame: ¡Jesús es fiel amigo! ¡Él es un caballero! Él merece que podamos relacionarnos con Él todos los días. Siempre que se relaciona con Dios, se hace un depósito en usted. Siempre que está postrado en su presencia, aunque aparentemente sienta que no pasa nada, está ocurriendo un depósito.

Aterrizando:

Usted es el responsable de construir la atmósfera en su casa.

Quiero retarle a levantar un **altar familiar en su casa,** al menos una vez por semana con toda su familia.

En un altar hay adoración, hay alabanza, hay sacrificio, hay ofrenda.

Después de un altar, cae el fuego (el fuego representa la Gloria de Dios).

Si en su casa no hay gloria es porque no hay altar.

¡Comience ahora a edificar ese altar!

Edifique la atmósfera en su casa y entonces sus hijos la llevarán a la iglesia y a la escuela.

La marihuana y el alcohol dejarán de ser una tentación, porque sus hijos caminarán en libertad y en salud divina.

CAPÍTULO 5

Activando los sentidos espirituales

"Y oyeron la voz de Jehová Dios que se paseaba en el huerto al aire del día: y escondióse el hombre y su mujer de la presencia de Jehová Dios entre los árboles del huerto." **(Génesis 3:8)**

Dios desea que nosotros tengamos activados los sentidos espirituales.

- El primer varón y la primera mujer tenían activados sus sentidos espirituales, pero en el ámbito de la luz.
- Una cosa es estar los sentidos espirituales abiertos al ámbito de las tinieblas y otra cosa es estar abiertos a Dios.
- La gente que está en ocultismo tiene activados sus sentidos espirituales para penetrar en el ámbito de las tinieblas.

Los mayas tenían activados sus sentidos espirituales: bajaban a lo que ellos llamaban ultratumba o inframundo y tenían encuentros con seres espirituales que les daban revelación, pero que venían de la oscuridad.

Dios nunca quiso que el hombre tuviera contacto con las tinieblas, sino que tuvieran sus ojos abiertos a la luz.

Dios nunca quiso ser un misterio para el hombre. El hombre, las religiones, las filosofías humanas lo han convertido en un misterio. *(Génesis 3:8)*

En esta porción de la Escritura, Adán y Eva ya habían desobedecido, habían caído — pero lo último que perdieron fue su oído espiritual, vemos cómo Dios les habla y ellos lo escuchan.

En ese momento, ya tenían sus ojos abiertos para percibir las tinieblas, pero todavía no habían perdido el oído espiritual para percibir la luz.

¡Dios siempre ha querido que su pueblo pueda tener sus sentidos espirituales abiertos!

Hay ejemplos en la Biblia donde Dios abre los sentidos espirituales para percibir:

"Y vino Jehová y se paró, y llamó como las otras veces: ¡Samuel, Samuel! Entonces Samuel dijo: Habla, porque tu siervo oye". (1 Samuel 3:10)

Dios llamó a Samuel — Samuel no tenía sus sentidos espirituales, pero Elí a pesar de su desconexión, enseñó a Samuel a escuchar a Dios.

> *"Levántate, alza al muchacho, y sostenlo con tu mano, porque yo haré de él una gran nación. [19]Entonces Dios abrió los ojos de ella, y vio un pozo de agua; y fue y llenó el odre de agua y dio de beber al muchacho. [20]Y Dios estaba con el muchacho, que creció y habitó en el desierto y se hizo arquero...."* **(Génesis 21:19)**

Agar, la sirvienta de Abraham y Sara, había sido desterrada, y llegó el momento en que creía que morían ella y su hijo por falta de agua. Dios abrió sus ojos para ver algo que ya estaba, pero ella no había visto. El verso 19 dice que Dios abrió los ojos de ella y vio un pozo de agua.

¿Le sorprendería que le dijera que hay cosas que Dios ya tiene asignadas sobre su vida pero usted no las ve? Existen respuestas a oraciones, provisiones, puertas de salida que ya están, pero usted necesita discernirlas y verlas a través de sus sentidos espirituales para que se manifieste el milagro.

Hay empresarios que ya tienen luz verde de Dios para que se abra esa puerta que los sacará del anonimato. Hay gente anónima que ya Dios le tiene un nombre y una posición, pero antes que todo, usted necesita verlo en el espíritu.

Recuerde: **antes de suceder algo en lo natural ya existe en el ámbito invisible, pero la atmósfera que usted cargue lo llevará a su total consumación.**

> *"y se levantó de mañana y salió el que servía al varón de Dios..."* **(2 Reyes 6:15)**

Jessi, el criado de Eliseo, tampoco tenía sus sentidos espirituales activados, pero Dios tuvo que abrirle sus ojos para ver lo mismo que veía Eliseo. Él veía el conflicto, pero Eliseo veía la salida del conflicto.

Si usted no tiene los sentidos espirituales ejercitados, puede estar viviendo un proceso difícil y mirar solo al enemigo, a las circunstancias en su contra, *PORQUE ESTAMOS DEMASIADO ENFOCADOS EN LOS SENTIDOS FÍSICOS, A UN PUNTO TAL, QUE SE ADORMECEN LOS SENTIDOS ESPIRITUALES.*

¡LES TRAIGO BUENAS NOTICIAS!

EN EL ÁMBITO DEL ESPÍRITU, DIOS TIENE MUCHAS COSAS A SU FAVOR.

Los sentidos espirituales ejercitados nos permiten percibir más allá de los sentidos naturales.

Los incrédulos sólo oyen... pero no escuchan.
¡Vengo a recordarle que es posible sentir a Dios!
También es posible escucharlo.

A veces usted siente que todo está en su contra: mira para un lado y son noticias negativas, mira para otro lado y son otros tipos de noticias negativas, *"muchos poquitos"* que construyen un gran problema. Se siente como si estuviera encerrado en una caja de madera, pero, de pronto, descubre que la tapa de la caja está abierta y tiene salida. Eso solamente sucede cuando en medio de la crisis usted tiene ojos abiertos y sentidos espirituales ejercitados para ver más allá de su realidad.

> *"Pero hasta hoy Jehová no os ha dado corazón para entender, ni ojos para ver, ni oídos para oír."* **(Deuteronomio 29:4)**

A pesar de que lo sobrenatural de Dios estaba con el pueblo de Israel en el desierto, donde su vestido no se envejecía ni su calzado tampoco, ellos no podían entender que lo sobrenatural era lo que los mantenía en pie, porque sus sentidos espirituales estaban tapados.

Quiero que entienda este principio.

Antes de perder cosas, usted pierde territorio.

Siempre que en mi vida he tenido alguna pérdida, he podido darme cuenta de que toda pérdida es precedida por perder territorio en mi relación con Dios.

¿Cuándo perdemos territorio? Cuando nos falta revelación de Dios y nuestros sentidos espirituales están desactivados.

La iglesia de los últimos tiempos necesita aprender a caminar en la revelación que Dios tiene.

Antes de perder finanzas, usted pierde territorio espiritual: el territorio de la sensibilidad a la presencia de Dios.

— Antes de que un hombre creyente caiga en pornografía y dañe su matrimonio, antes de que un joven sea seducido en adicción a la marihuana, antes de que una joven cristiana pierda su virginidad al ser seducida por un joven que no tiene temor de Dios ni respeto a ella, antes de caer en una crisis financiera, antes se perdió el territorio de la relación con Dios que mantenía la sensibilidad espiritual.

Antes de que la muerte lo sorprenda, prematuramente usted pierde territorio.

Es interesante que quien pierde territorio no se da cuenta de que lo está perdiendo.

Los sentidos espirituales pierden el filo cortante de la misma forma que usted no recuerda la hora cuando anoche se quedó dormido. Usted puede recordar la hora cuando fue a la cama, pero no el minuto exacto en el que se durmió y comenzó a soñar. Así es el letargo espiritual que nos hace perder los sentidos espirituales y que caminemos por la vida con una atmósfera de sequía, esterilidad y muerte espiritual.

Cuando el hombre fue removido de la presencia de Dios, estuvo separado a causa del pecado. Jesucristo vino a restaurar y a ser el mediador entre Dios y los hombres, hoy la manera de entrar a su presencia es a través de la FE y la ORACIÓN.

Toda oración comienza con la visualización de verse en la presencia de Dios.

— El enemigo quiere que usted se sienta lejos de la presencia de Dios, y si logra convencerlo de que, a causa de su pecado, no merece relacionarse con Dios, ganó la batalla.

— Cuando usted tiene una vida de oración, su atmósfera comienza a cambiar.

— Hay cosas en su vida que, para cambiarlas, Dios puede usar a personas.

— Hay otras cosas que Dios puede usar: sus relaciones y contactos humanos.

— Pero, ¡hay otras que solamente pueden ser cambiadas en su Presencia! Fueron diseñadas para ser resueltas desde una atmósfera espiritual.

¿Por qué necesito activar mis sentidos espirituales a la luz?

1. *Porque ¡usted no necesita ver la obra del enemigo! Usted necesita descubrir las posibilidades que tiene en Dios.*

En los tiempos que vivimos, las malas noticias para el mundo van a ser algo común, cada día que pase toda esta manifestación del mal, la injusticia, la violencia y el dolor irá en incremento. ¡Usted necesita ver algo más por encima de esa realidad triste!

Usted necesita ser edificador de su atmósfera, de lo contrario se deprimirá por la realidad que ven sus ojos.

2. *Porque nada puede ser ejecutado en el ámbito natural si primero no ha sido visto, revelado y concebido en el ámbito espiritual.*

Las cosas necesitan PRIMERO, SER **REVELADAS;** SEGUNDO, SER **ACTIVADAS;** Y LUEGO, SER **EJECUTADAS.**

Cuando sus sentidos espirituales están ejercitados, usted puede acceder a información espiritual cualificada. Dios permite que usted entre a una nueva dimensión de fe, se le abre un portal de información, de confianza y de descanso en Su Palabra. Cuando usted recibe revelación de Dios, experimenta en su espíritu que puede edificar una atmósfera que provocará el cambio y el milagro que espera, porque lo hará desde la confianza y la seguridad de que Dios está en control. Desde esa atmósfera que usted edifica, usted proyecta su fe y declara las promesas de Dios para su vida. Desde esa atmósfera se activa el mundo espiritual a su favor, se profetiza y se proclama por la fe lo que todavía no se ha visto en lo físico, una vez que usted logra declarar desde una atmósfera, entonces es ejecutado en el ámbito físico y natural. Si puede comprender, todo nace desde una atmósfera.

ABRAHAM recibió revelación del propósito de Dios para su vida. La revelación incluía una orden de Dios: *"Sal de tu tierra y de tu parentela, a la tierra que yo te daré"*. Una vez que Abraham salió en obediencia, este acto activó la próxima etapa de Dios para la vida de Abraham.

La obediencia produce una activación de los planes de Dios, que hace que sus planes sean ejecutados en el ámbito de lo físico.

Recuerdo muy claramente el momento en que mi esposa Yoanny, mi hija Betty y yo tuvimos que abandonar nuestra nación y salir a Estados Unidos.

Realmente con lo único que contábamos era con una palabra de orden y guía de Dios, que nos decía que si queríamos pasar a la próxima etapa de lo que Él tenía preparado para nosotros, era el momento de salir de la nación.

En el fondo, sentíamos inseguridad por el futuro, lo desconocido nos provocaba muchas preguntas a Dios, interrogantes que no tuvieron respuesta hasta que salimos, solo había una palabra simple y sencilla: *Los muevo a un lugar espacioso.*

Recuerdo que desde esa palabra comenzamos a edificar una atmósfera de adoración, acción de gracias y alabanza a Dios.

No nos pasaba por la mente lo que Dios tenía preparado en los años siguientes, pero lo que activó el milagro de lo que comenzamos a vivir hasta hoy, fueron los pasos de fe que dimos desde una revelación parcial del propósito, en la que era necesario un paso de obediencia que activaría todo lo que había por delante. Entre la etapa de la revelación y la ejecución del plan de Dios hay una fase intermedia llamada *activación del propósito*, y la llave para esa activación se llama: *obediencia.*

La obediencia provoca una atmósfera de milagros que hace que todas las cosas se pongan de acuerdo para bendecirte.

3. *Porque cuando usted no entiende que todo lo que tiene fue Dios quien lo proveyó, tampoco va a entender que todo lo que le falta puede ser provisto por Dios.*

> *"E iban hablando entre sí de todas aquellas cosas que habían acontecido. Sucedió que mientras hablaban y discutían entre sí, Jesús mismo se acercó, y caminaba con ellos. Mas los ojos de ellos estaban velados, para que no le conociesen."* **(Lucas 24:14-16)**

¡Cuando los ojos están velados no podemos conocer al Señor! ¡La revelación viene para rasgar el velo! ¡Es necesario que sea quitado el velo!

Dice la Biblia que cuando Jesús murió, el velo que estaba en el lugar santísimo se rasgó de arriba a abajo.

Esto significaba que, a partir de entonces, todos los hombres tendrían entrada libre al trono de la gracia de Dios. Ya no se necesitaba de un sacerdote que trajera revelación de Dios al hombre, sino que el velo rasgado entre el lugar santo y el lugar santísimo representaba un nivel de acceso del hombre a Dios.

Pero dicen algunos libros históricos que los fariseos, cuando vieron que el velo había sido rasgado, se pusieron a costurar el velo del templo.

Hoy en día sucede igual, uno de los enemigos más grandes de la revelación es la religión, ella trata de costurar lo que Dios ya abrió, y el acceso del hombre a la presencia de Dios.

Por eso, es imposible edificar una atmósfera de milagros donde no hay revelación del propósito de Dios.

Desafortunadamente, hay muchos creyentes a quienes la teología y las doctrinas humanas no les permiten ver que hay más de Dios. Si su vida está carente de actividad espiritual y de una atmósfera de milagros, y usted está leyendo este libro, es importante que entienda que llegó el momento de quitarle la costura al velo de su templo. Costuras que no puso el Señor, sino que han sido puestas por el hombre.

¿Cómo activar mis sentidos espirituales?

¿Cómo se activan? — ¡Se activan usándolos!

Cuando usted comienza a aprender a montar bicicleta, al principio se va a golpear, es probable que sus rodillas se lastimen en alguna caída; pero cuando usted insiste en practicar y seguir aprendiendo, llega el momento en que se convierte en el mejor ciclista. Asimismo cuando usted comienza a ver, oír o percibir mensajes de parte de Dios en su vida, lo primero que usted pregunta es: ¿será mi mente o será Dios?

****

En el momento en que usted comience a entrar en el terreno de ejercitar sus sentidos espirituales, le aconsejo que actúe, ¡haga algo! porque si usted detiene el fluir, sus sentidos comienzan a adormecerse y no percibirán nada de Dios.

****

En esa condición están muchos creyentes, que un día fueron usados por Dios, pero el temor a ser criticados, perseguidos y juzgados, hizo que la revelación se detuviera y nunca más han podido fluir en lo sobrenatural.

Si usted actúa con base en lo que sintió de parte de Dios, ¡esos sentidos se van a ir afilando! y van a tener filo cor-

tante, porque Dios les dará más, más y más. ¡Todo comienza en pequeño! con una simple obediencia.

****

Uno de los problemas de por qué no afinamos es porque somos demasiado naturales, lógicos y escépticos.

****

Hay una práctica en las escuelas de profetas, en la que les ponen una venda en sus ojos y los entrenan para discernir y percibir en su espíritu en relación a la persona que tienen frente a frente, pero sus ojos no pueden ver.

****

Porque cuando usted tiene los ojos abiertos, usted ve y comienza la perspicacia y la razón a tratar de adivinar la vida de esa persona.

****

¡Apague los sentidos naturales para que Dios le hable!

****

"Pero el alimento sólido es para los adultos, los cuales, por la práctica, tienen los sentidos ejercitados para discernir el bien y el mal." **(Hebreos 5:14)**

A medida que usted corre, ¡Usted puede correr más!

A medida que usted escucha, abre su corazón a la voz de Dios, Dios le sigue hablando más. Así usted será un portador de atmósfera, porque su atmósfera se va formando a medida que usted obedece la voz de Dios.

¡El ÉXITO DEL ENEMIGO ESTÁ EN NATURALIZAR LA IGLESIA!

¡UNA IGLESIA NATURALIZADA NO ES PELIGRO PARA SATANÁS!

> *"Pero el hombre natural no percibe las cosas que son del Espíritu de Dios, porque para él son locura y no las puede entender, porque se han de discernir espiritualmente. En cambio, el espiritual juzga todas las cosas; pero él no es juzgado por nadie. Porque ¿quién conoció la mente del Señor? ¿Quién le instruirá? Mas nosotros tenemos la mente de Cristo."* **(1 Corintios 2:14-16)**

¿Alguna vez le ha testificado a alguna persona natural?

Usted le dice: ¡Dios hizo esto! y la persona natural siempre va a tratar de justificar el milagro que a usted lo tiene impresionado; en cambio esta persona está inconmovible, porque no percibe las cosas que son del Espíritu, porque le son locura.

Dios habla por varias formas

— Su Palabra
— Por su Espíritu dentro de nosotros
— Por la naturaleza o la creación
— Por una canción
— Por un profeta
— Por sueños y visiones
— Por las circunstancias

Todas las semanas recibo personas en mi oficina con una pregunta muy parecida:

¿Cómo yo pienso esto y yo hago todo lo contrario? ... si dice la biblia que tengo la mente de Cristo, ¿por qué pienso mal y vienen pensamientos impuros a mi mente que me llevan a pecar finalmente?

La respuesta es sencilla:

— Su deber es ejercitarse para rechazar esos pensamientos.

— Cuando usted amasa un pensamiento, ¡usted toma la forma de él! y camina en una atmósfera que le preconcibió ese pensamiento. así es imposible poder moverse en una atmósfera sobrenatural.

— Comience a batallar contra esos dardos! diga: ¡eso no va de acuerdo con mi naturaleza!

— Tan pronto usted comience a pensar *"yo no tengo la mente de Cristo"*, ¡usted perdió la batalla!

Tengo una noticia para usted:

Todo el que recibió a Cristo, recibió al Espíritu Santo. ya le fueron abiertos los ojos espirituales. tiene que ejercitarlos.

A nosotros nos corresponde activar los sentidos espirituales .

> *"Todo aquel que es de la verdad, oye mi voz"* **(Juan 18:37)**

Ejercitando:

Declare conmigo esta palabra:

- *Señor Jesús: Confieso que, a partir de ahora, mis sentidos espirituales comienzan a activarse. Recibo lo que Jesús tiene para mí.*
- *Mis ojos y mis oídos espirituales comienzan a abrirse.*
- *Yo declaro que tengo la mente de Cristo.*
- *Mis oídos se destapan para escuchar a Dios.*
- *Mis ojos se abren a la revelación del Padre.*
- *Soy edificador de atmósfera porque cargo el soplo de Dios en mí.*
- *Caminaré en obediencia porque la obediencia me activará y me posicionará en una nueva temporada de bendición.*

CAPÍTULO 6

¿Cómo construir una Atmósfera Personal?

*"Y despertó Jacob de su sueño, y dijo: Ciertamente Jehová está en este lugar, y yo no lo sabía. Y tuvo miedo, y dijo: ¡Cuán terrible es este lugar! No es otra cosa que casa de Dios, y puerta del cielo." **(Génesis 28:16-17)***

H ay muchas revelaciones acerca de Dios y hay muchas dimensiones en las que Dios se mueve.

Declare esta oración con fe:

Padre, te pido que hoy remuevas toda limitación en mi mente para recibir lo que tú tienes para mí, en el nombre de Jesucristo. Amén.

Usted no puede edificar una atmósfera espiritual a menos que no esté consciente de que sus cinco sentidos le dan información limitada de la realidad, y que existe algo más a lo que usted puede acceder: el ámbito del Reino de Dios.

Jacob tuvo una experiencia con una dimensión sobrenatural: la gloria de Dios.

¡La gloria es la presencia de Dios manifestada!

Adán fue hecho para vivir en una atmósfera de gloria. El Edén es una atmósfera creada por Dios para el hombre.

Una atmósfera espiritual de la luz de Dios le permite LOGRAR lo siguiente:

— Hablar con Dios y oír a Dios.

— Acceso a cosas, a personas y a lugares de manera sobrenatural.

— Aceleración de procesos.

* Como hablamos en capítulos anteriores: No es lo mismo el concepto de que Dios está en todas partes, que el concepto de que Dios se manifieste en ese lugar. Son dos cosas muy diferentes.

Usted construye una atmósfera y eso requiere un esfuerzo que se llama FE.
Dios habita en atmósferas personales.

En otras palabras, construir, edificar la atmósfera de Dios es como el que construye una casa, pero una vez que la casa esté construida, usted tiene que cuidarla y darle mantenimiento.

Existen 3 tipos de atmósferas en la que Dios opera:

1. **Atmósfera familiar:** Es la atmósfera que opera en su casa, aquella que solo su familia y usted conocen, es decir, lo que sucede dentro del hogar, la información que se consume, las palabras que se dicen y el

ambiente que reina en la casa. La atmósfera espiritual de un hogar debe comenzar a ser establecida por el sacerdote de la casa, el hombre o la cabeza del hogar.

Es muy común que, cuando el hombre no tiene una influencia espiritual en la casa, esa atmósfera cueste mucho más trabajo establecerla.

Dios le dio a Adán una responsabilidad muy clara: Cultivar y cuidar el huerto del Edén.

Desafortunadamente, Adán hizo todo lo contrario, lo descuidó, y entonces vemos cómo en su generación hubo un denominador común que fue la muerte prematura, la violencia de su hijo Caín contra su hijo Abel, la rebeldía de la generación de Caín y todas las consecuencias que vinieron después.

Todo por causa de una atmósfera de desobediencia y de desconexión con la atmósfera de Dios.

Realmente la persona responsable de que entrara el pecado al huerto del Edén no fue Eva, fue Adán. Porque Adán ni sabía que Eva llevaba mucho tiempo hablando con la serpiente (Satanás). Muchos teólogos y personas culpan a Eva como la que fue seducida por la serpiente y por su culpa entró el pecado.

La falta de responsabilidad del hombre hace que se activen atmósferas nocivas en la casa.

Cuando la infidelidad toca a un matrimonio por parte de la mujer, no solo la mujer es la responsable, sino el hombre que descuidó el huerto. Cuando el hombre deja de ser cuidadoso y amoroso con lo que Dios le dio, y las palabras de cariño y afecto hacia su esposa desaparecen, seguramente alguien más se las va a decir, tal vez el jardinero a quien el hombre esté pagándole la labor para que le arregle el patio, se encargue de decirlas, y de pronto el matrimonio se perdió. ¿Quién fue el responsable? Respuesta: ambos. Uno por descuidar y otro por dejarse seducir.

De igual manera que en el ejemplo anterior, se afectó la atmósfera en el huerto del Edén.

He visto este patrón vez tras vez: Muchas familias no se enteran de que sus hijos están deprimidos y con pensamientos suicidas hasta el momento cuando son llevados a la sala de emergencia por causa de una intoxicación o un intento de suicidio. En ese hogar ya había una atmósfera espiritual, pero el sacerdote de la casa había estado desconectado totalmente, hasta que la atmósfera dio a luz una crisis que se hace evidente para todos, porque todos comienzan a perder.

Si en su hogar se practica la pornografía, palabras ofensivas entre los cónyuges, si, por ejemplo, se abren puertas a películas o series donde se manifiesta el ocultismo, la sexualidad y morbosidad, seguramente esa será la respuesta del porqué personas en la casa padecen de trastornos de personalidad, insomnio, ataques de pánico, violencia verbal, física o muchos comportamientos más. Tristemente, este tipo de manifestación se refleja mucho más en los más pequeños de la casa porque son el eslabón más débil del hogar y más sensibles al mundo espiritual.

Si en su hogar sucede esto hoy, prepárese, porque usted solo está viendo la punta del iceberg. El enemigo cuando controla una atmósfera en el hogar controlará también el hogar.

2. **Atmósfera Territorial:** es el territorio que Dios le dio para influirlo. Otra vez, repito, Dios le dio a Adán el huerto. El huerto comprendía un territorio que no solamente era su casa, sino el lugar donde él se movía, donde trabajaba. Recuerde, el trabajo no lo hizo Dios como castigo, como dicen algunas canciones por ahí. Dios creó el trabajo, pero desde que el hombre fue destituido de la gloria, no solo trabaja, sino que pasa trabajo para trabajar.

EL HUERTO comprendía una vasta expansión de influencia, donde Adán tenía dominio y autoridad.

Edén era una atmósfera controlada por principios y leyes del cielo.

Edén era un portal que conectaba la tierra con el cielo. En otras palabras, Edén era una réplica del cielo en la tierra.

¿Sabía que usted tiene un huerto de influencia? Su huerto es todo lugar que la planta de su pie pise o pueda alcanzar su influencia. A esto se le llama territorio. Todo territorio que Dios le entrega es para dominarlo.

Cuando Dios ubica a la iglesia en un territorio, es para cambiar la atmósfera de ese territorio y dominar espiritualmente lo que sucede en los aires de ese lugar.

Creo profundamente que la iglesia es llamada a cambiar el clima espiritual de una ciudad y, por consecuencia, habrá evidencias visibles de ese cambio.

Cuando la Iglesia Asambleas de Dios fue plantada en casa de mis padres, en Cuba, a cuatro casas de la iglesia había un brujo "palero" muy famoso y se hacían largas listas de personas que venían desde lejos para consultarlo cada semana. La visión territorial que Dios nos dio fue llenar con la atmósfera de la presencia de Dios todo el territorio en donde operaba la iglesia, por lo tanto, de acuerdo a leyes espirituales, el brujo era ilegal que operara en ese vecindario.

En aquel entonces, no teníamos la revelación que tenemos ahora sobre este tema, pero a pesar de eso, Dios comenzó una obra especial en nuestra familia a través de la influencia territorial.

Recuerdo que, como iglesia, comenzamos a orar y a declarar proféticamente sobre la casa de ese brujo palero y su familia, y en menos de cuatro meses, él y toda su familia recibieron a Cristo. Después, él testificaba que cuando la iglesia comenzaba a cantar y a adorar a Dios, y a cantar sobre la sangre de Cristo, ese día sus poderes e influencia se hacían nulos y no podía consultar. Desde ahí comenzó a dudar de la eficacia de su brujería y sus trabajos de ocultismo. Él se propuso cerrar la iglesia en corto tiempo, y comenzó a enfocar toda su artillería pesada en contra nuestra. ¿Pero quién podía maldecir a aquello que Dios ya había decidido bendecir? La noche que llegó a uno de nuestros servicios, cayó al suelo y fue liberado totalmente para Jesucristo.

Cuando una iglesia construye una atmósfera espiritual en un territorio, en ese territorio van a comenzar a suceder cosas, y entre esas cosas, el enemigo comenzará a perder el control territorial del lugar. Ningún dardo de fuego podrá dar en el blanco, porque la misma atmósfera provoca que se derritan y regresen al lugar de donde salieron.

Por eso, Dios nos llama a bendecir a nuestros enemigos y a no maldecir, porque toda maldición podría regresar hacia donde mismo vino.

Por tanto, no le tema a las maldiciones, no le tema a la gente que le maldice, no le tema al brujo, ni al hechicero ni al que calumnia con su lengua. La atmósfera que se carga se encargará de darle mejor dirección a los dardos de fuego que han levantado contra usted.

Cuando un creyente construye una atmósfera territorial, quiere decir que no solo esa atmósfera le va a bendecir a usted, sino que va a influenciar el área donde usted se mueva. Toda su familia será salva para Dios.

Por eso, dice la Biblia: *"Cree en el Señor Jesucristo y serás salvo tú y tu casa"*.

La palabra *"casa"* representa linaje, generación, línea genética, familiares, amigos y dondequiera que llegue su círculo de influencia.

Estoy convencido de que cuando una iglesia logra ocupar un territorio espiritual a nivel de ciudad, puede abortar planes del enemigo contra esa ciudad. Puede abortar ataques terroristas, puede impedir que pasen leyes que vayan en contra de los principios divinos, esa iglesia (corporativamente hablando) puede hacer desviar huracanes del área a través de la oración, porque la atmósfera no solamente será una atmósfera familiar o personal, sino territorial.

3. **Atmósfera personal:** Es el primer paso que debemos dar. Antes de construir una atmósfera familiar o territorial, debemos aprender a construir una at-

mósfera personal. Las atmósferas no se construyen en un día. Construir en el ámbito espiritual significa atraer. Usted atrae la atmósfera del cielo a su espacio, a su territorio, a su persona.

Note esto: Una atmósfera espiritual no se construye con una campaña evangelística, ni con un congreso o evento especial. Yo no establezco una atmósfera de sanidad divina invitando a un evangelista con don de sanidad a dar tres noches de campaña. La atmósfera se construye progresivamente.

Lo que usted no logra en un día, lo logrará en dos días, y lo que no sucede en dos días, sucederá al cabo de un mes o de un año, pero el secreto está en la consistencia.

Por eso, no es el ADN de nuestra iglesia invitar a un evangelista a dar tres noches de campaña de sanidad, porque se va el evangelista y los milagros terminan. Los milagros y las sanidades deben ser parte de la rutina normal de una iglesia que tiene una atmósfera construida, deben ser parte de la rutina normal de un creyente que camina con una atmósfera personal que ha construido a través del tiempo.

¿Cómo podemos construir una atmósfera personal?

1. Levantando un Altar Personal.

Un altar es un trono, es un lugar de contacto.

> *"Dijo Dios a Jacob: Levántate y sube a Bet-el, y quédate allí; y haz allí un altar al Dios que te apareció cuando huías de tu hermano Esaú".* **(Génesis 35:1)**

a. **Levántate, sube a Betel y quédate allí**: El gran incidente de Siquem fue porque Jacob fue a Siquem en lugar de ir a Betel, donde se suponía que debía estar.

Nosotros a menudo terminamos en grandes problemas que traen muchas dificultades para los que nos rodean, por no ir a donde Dios nos dice que vayamos.

La única cura de un ambiente tóxico espiritual es separarse de él.

Jacob tuvo que salir de Siquem e ir a Betel.

Regresa al lugar de la experiencia

A partir de ahí, ¡Dios comienza a aparecérsele a Jacob continuamente!

Ya no era un evento, ¡era algo normal y diario!

¡Un altar abre un portal entre el cielo y la tierra! Las atmósferas abren portales.

Hay portales o puertas a seres demoníacos y portales o puertas a ángeles y mensajeros de Dios.

En la Biblia, escuchamos al apóstol Pablo hablando del tercer cielo. Se sobreentiende que si hay un tercer cielo, es porque hay un primero y un segundo cielo. Algunos creen que hay muchos más niveles de cielo.

Un portal es un acceso a una esfera sobrenatural.

Jacob se encuentra con una puerta: — Leamos bien ese pasaje — Jacob dice: *"esto es una PUERTA AL CIELO".*

A Jacob le sucedió que Dios le mostró que había un lugar al que Él le había puesto Bethel, donde había un acceso a una esfera sobrenatural que no había en otros lugares.

> *"Y tuvo miedo y dijo: ¡Cuán imponente es este lugar! Esto no es más que la casa de Dios, y esta es la puerta del cielo."* **(Génesis 28:17)**

Nótese que dice "Puerta del cielo".

Un portal es un *"hueco, una puerta"* de acceso al cielo para una revelación inusual de una esfera espiritual que permite que podamos cumplir un propósito sobrenatural.

> *"A partir de ahora verán las ventanas del cielo abiertas y a los ángeles de Dios que suben y descienden sobre el hijo del hombre."* **(Juan 1:51b)**

> *"Pero Esteban, lleno del Espíritu Santo, puestos los ojos en el cielo, vio la gloria de Dios, y a Jesús que estaba a la diestra de Dios, y dijo: He aquí, veo los cielos abiertos, y al Hijo del Hombre que está a la diestra de Dios."* **(Hechos 7:55-56)**

En estos últimos versos vemos que la Biblia también habla de la existencia de portales.

Hemos dejado claro que no solamente la nueva era, los ocultistas y los gurús manejen estos términos, que realmente la Biblia es el libro que primero manejó estos términos.

Existen portales a la luz o al mundo de Dios y los ángeles, y portales abiertos a las tinieblas y al mundo de Satanás y sus demonios.

PARA SORPRESA SUYA, LE COMENTO QUE HASTA LA CIENCIA ACEPTA LA EXISTENCIA DE ESA DIMENSIÓN O PORTALES.

CERN es un COLISIONADOR DE PARTÍCULAS que está ubicado en **Suiza**, cerca de **Ginebra,** y próximo a la frontera con **Francia**. SUS ESTUDIOS HAN SIDO TAN PROFUNDOS QUE AHORA SE ENCUENTRAN ENFOCADOS EN INVESTIGACIONES DE PORTALES QUE CONECTAN EL MUNDO FÍSICO CON LO QUE ELLOS LLAMAN *"MUNDOS PARALELOS"*.

En esta investigación están involucrados científicos prominentes de aproximadamente veinte naciones del mundo.

EL CERN es un túnel que mide aproximadamente 27 km de circunferencia. En ese lugar se colisionan partículas y se ACELERA su velocidad POR DEBAJO DE LA VELOCIDAD DE LA LUZ.

ELLOS ESTÁN TRATANDO DE CREAR UN PASAJE A LA ESFERA DE LO QUE ELLOS LLAMAN UN MUNDO PARALELO.

SERGIO BERTOLUCCI (Director for Research and Scientific Computing) del Laboratorio Europeo de Física de Partículas (CERN) dijo: *Vamos a abrir un* *portal en **CERN**, tal vez mandemos algo por ahí o algo puede salir por ahí hacia nosotros.*

Estamos viendo que el ser humano está abriendo, por accidente, desconocimiento o intencionalmente, portales que Dios nunca le pidió que abriera. A través de esos portales existen activaciones que traen a nuestra dimensión entidades espirituales de otras dimensiones, que son demoníacas.

Algunos han testificado tener relaciones y conversaciones con entidades que llaman seres reptilianos y que están accediendo a la dimensión natural a través de portales que están siendo abiertos en diferentes partes del mundo.

Es un tema para otro libro, pero que nos permite ver que hasta la ciencia concuerda con la idea de la existencia de mundos paralelos.

2. Quitando los dioses ajenos.

*"Entonces Jacob dijo a los de su casa y a todos los que estaban con él: Quitad los dioses extranjeros que hay entre vosotros; purificaos y mudaos los vestidos". **(Génesis 35:2)***

La familia de Jacob solamente tuvo derechos con Dios después de que Jacob los tuvo.

De nuevo, esto nos muestra que los hombres tienen tremendos roles de liderazgo en la familia.

Un hombre que resiste a Dios verá el mismo efecto en sus hijos. Un hombre que hace el bien con Dios, ve el efecto en su familia también.

Los hijos de Jacob conservaron a dioses extraños porque su madre lo hizo. Raquel se aferró a los ídolos del hogar de su padre *(Génesis 31:19).*

¿Qué son los dioses ajenos?

La mayoría de nosotros comenzamos de cero. Antes de usted tener cosas materiales, usted tenía a Dios como único recurso (lo hubiera descubierto o no) —Usted tenía a Dios porque usted viene de Dios. Muchos de ustedes no conocían a Dios, pero ya Dios estaba trabajando en su vida, ya Dios lo había planificado y había sido creado con propósito.

Su vida no comenzó con cosas, ¡su vida comenzó en Dios!

El **Salmo 23** dice: *"El Señor es mi pastor"* (es mi fuente).

Realmente, cuántos de nosotros cuando pasamos por circunstancias, en ese lugar podemos darnos cuenta de que las cosas pueden cambiar, la economía cambia, pero su fuente nunca cambia.

Créame algo: las cosas siempre van a cambiar, y están cambiando, porque la vida está sujeta a cambios.

¿Sabe qué ha ocurrido con muchos de nosotros? No teníamos NADA, y de repente, comenzamos a rodearnos de muchas cosas en la vida. Sin querer, convertimos las cosas en nuestro Dios, porque ahora confiamos en las cosas más que en Dios. ¡Dios le dio una casa cuando usted ni pensaba tener la posibilidad de comprarla! porque tal vez sus recursos eran insuficientes.

Mi esposa, mi hija, mis padres y yo llegamos a los Estados Unidos en el mes de Noviembre del año 2007 con una mochila y unos cuantos dólares en el bolsillo.

Al pasar los años, corremos el riesgo de olvidar que Dios fue el dador de las cosas que hoy tenemos. Casi perdimos la vida en México cuando unos delincuentes estaban planificando secuestrarnos, pero Dios sobrenaturalmente permitió que unos cristianos de la iglesia de frente a un parque, en la ciudad de El Carmen, en la frontera de México, nos escondieran y nos llevaran a un lugar seguro, aun exponiendo sus vidas. ¡Ese día no teníamos cosas! ¡Nuestro sueño no eran cosas! Nuestro sueño era salvar la vida. Ese día solo teníamos a Dios, y Dios nos libró milagrosamente. Entonces, cómo no honrar siempre, servir y vivir para el Dios que nos salvó la vida, nos dio salvación y ahora permitió que tuviéramos cosas.

¡Dios le puso a usted en lugares donde usted nunca pensó que entraría! ¡No cambie el lugar por Dios! El mundo espiritual es muy sensible, y nuestras decisiones también construyen una atmósfera, ya sea de revelación de Dios o de un entendimiento entenebrecido a causa de nuestra indiferencia.

Si Dios es mi fuente, ¿quién es Dios?

*"Todas las cosas por él fueron hechas, y sin él nada de lo que ha sido hecho, fue hecho." **(Juan 1:3)***

Si usted hace a Dios la fuente de su vida, Entonces ¡Él le puede traer las cosas!

3. Tenga una voluntad Proactiva para adorar a Dios.

> *"De la boca de los niños y de los que maman, fundaste la fortaleza."* **(Salmo 8:2)**

Si venimos de Dios tenemos la capacidad de conectarnos con Dios mediante la adoración.

Una atmósfera no la crea un evento, ni un retiro, ni una noche de milagros. Una atmósfera, usted necesita construirla día tras día, paso tras paso.

DISCIPLÍNESE PARA ADORAR A DIOS

Los gansos vuelan hacia el sur por instinto. Usted no puede decirles que vuelen al norte.

Usted puede volar al norte, al sur, al este, porque usted tiene poder de decisión.

Josué dijo: ESCOJAN USTEDES A QUIENES SERVIR, PERO YO Y MI CASA SERVIREMOS A JEHOVÁ

¡Conectarse con Dios es fácil!

¡Adorar a Dios es fácil! Usted fue creado para eso.

¿Por qué si es fácil me cuesta hacerlo?

Porque las cosas que son fáciles de hacer, también son fáciles de no hacer.

Si usted comienza a desatender su adoración a Dios, desatenderá otras cosas.

¡Todos recibimos el mismo viento! Pero no todos sabemos cómo desplegar las velas al lugar correcto.

Los tiempos que vivimos requieren caminar con una atmósfera y cuidar esa atmósfera.

— Desde una atmósfera, usted profetiza.
— Desde una atmósfera, usted anula los propósitos del mal.
— Desde una atmósfera, usted genera riqueza.
— Desde una atmósfera, usted declara salud.

¡Y las cosas pasan! ¿Qué atmósfera cargas?

Propóngase edificar y cuidar su atmósfera.

CAPÍTULO 7

Jesús es la Puerta de mi Atmósfera

*"Jesús dijo: Yo soy la puerta; el que por mí entrare, será salvo; y entrará, y saldrá, y hallará pastos." **(Juan 10:9)***

Toda atmósfera espiritual donde Dios habita, Jesús es la puerta o el portal que nos llevará a tener acceso a la luz.

En los días de hoy, hay muchas atmósferas, cada hogar carga una atmósfera, cada matrimonio carga una atmósfera, cada país tiene una atmósfera y cada persona carga una atmósfera.

Toda atmósfera abre portales al mundo espiritual y un portal provoca que sucedan cosas en la vida de una persona.

Cuando Jesús nació, dice la Biblia, que no había lugar en el mesón, y María y José terminaron en un portal, el famoso *"Portal de Belén"*.

Un portal no tiene techo. Solamente José, María y el bebé Jesús tenían acceso a las estrellas.

Era como si Dios el Padre estuviera anunciándonos que Jesús es el único camino a la luz.

Las filosofías humanas y las religiones del mundo, sin quererlo o queriéndolo, abren portales.

Los psíquicos abren portales y puertas astrales.

Pero ¡JESÚS es la PUERTA! No trate de entrar a poseer riquezas de conocimiento por puertas que Dios no desea que usted acceda.

¡Jesús es la puerta! Cuando usted crea una atmósfera para Jesús, Él viene y entra, cena con usted y le permite acceder a todo lo que Dios tiene para usted.

Por eso, la Biblia nos enseña: *Buscad primeramente el reino de Dios y su justicia, y todas las demás cosas serán añadidas.*

El reino de Dios tiene una puerta: ¡Jesús! ¡No trate de evadir esa puerta!

Sea constructor de su propia atmósfera y lo llevará a tener una relación personal con Jesucristo.

Las señales que anuncian el retorno del Señor se están cumpliendo: Los acontecimientos políticos, la ciencia, el clima, la degradación de la moralidad del ser humano. Todas apuntan a un evento:

¡Pronto viene el Rey!
Es tiempo de preparar una atmósfera donde pueda mirarlo cara a cara sin que le cause vergüenza.

CAPÍTULO 8

La ley de las creencias
define mi atmósfera

"Pues la palabra está muy cerca de ti, en tu boca y en tu corazón, para que la guardes. "Mira, yo he puesto hoy delante de ti la vida y el bien, la muerte y el mal. Hoy te ordeno amar al Señor tu Dios, andar en Sus caminos y guardar Sus mandamientos, Sus estatutos y Sus decretos, para que vivas y te multipliques, a fin de que el Señor tu Dios te bendiga en la tierra que vas a entrar para poseerla." **(Deuteronomio 30:14-16)**

La otra cara de la moneda

Las monedas tienen dos caras, pero muchas veces, nosotros solo vemos una. Como la luna, que tiene dos caras también: la que observamos desde la tierra cuando hay una luna llena, espléndida y hermosa; y la cara oculta de la luna, que es su hemisferio opuesto que no lo vemos desde aquí.

Así nos pasa en la vida muchas veces, solo vemos una cara de las cosas porque las vemos desde una sola percepción, nuestra percepción. Alguien dijo que la percepción de la gente es su verdad. Es decir, *lo que usted percibe es su verdad*.

La ley de las creencias

He dedicado este capítulo del libro al tema de la **Ley de las Creencias**, porque lo primero que aprendemos es a creer, vivimos lo que creemos. La vida está compuesta por creencias. Lo que creemos nos hace ser seres humanos, seres con propósitos, seres diferentes a un animal.

Usted es lo que cree.

Comencé este capítulo mostrándoles el Libro de **Deuteronomio 30:14-16**, porque le va a servir para sus días, para las batallas de su vida. Resáltelo en su libro porque lo puede necesitar más adelante para poder proyectar su fe y para poder lograr lo que Dios tiene para su vida.

Dice la palabra del Señor: *"Pues te ordeno hoy amar al Señor tu Dios"*. No es una opción, es una ordenanza; *"andar en sus caminos y guardar sus mandamientos, sus estatutos y sus decretos para que vivas y te multipliques. A fin de que el Señor tu Dios te bendiga en la tierra que vas a entrar para poseerla"*.

Entonces, Dios le dio al pueblo de Israel estatutos; no fueron consejos, fue una orden. ¿Por qué Dios nos da órdenes? Porque cuando Dios nos da a una orden, no es una opción, es un mandamiento; y lo hace porque Él sabe que si hacemos lo contrario, nos va a ir mal; entonces, nos tiene que decir: *"Mira que mando a que te esfuerces y que seas valiente"*. Uno de los mandamientos es *"Amarás al Señor, tu Dios, con todo tu corazón"*. El Señor nos dice: *"Yo te mando y te he puesto manda-*

mientos y estatutos con sus decretos para que vivas y te multipliques". Es la voluntad de Dios que vivamos. Es la voluntad de Dios que todo lo que hagamos sea multiplicado. Es la voluntad de Dios que nosotros podamos ser exitosos y prósperos. *"A fin de que el Señor tu Dios te bendiga en la tierra que vas a entrar para poseerle"*.

Dios quiere que usted prospere.

Su percepción es su verdad

Este tema está enfocado en descubrir aquellas cosas ocultas que nosotros no vemos. La realidad suya puede ser la realidad para usted, pero no necesariamente tiene que ser la verdad completa; tal vez, creció en un hogar donde la realidad era ver a mamá y a papá siempre en discordia; y esa era su realidad.

La percepción de la gente es su verdad.

Por ejemplo: Yo puedo ver una persona manejando un auto de marca Maserati por el Woodland; una avenida en San Francisco, California; mi realidad y mi percepción es que esa persona es millonaria. Probablemente a usted le pase lo mismo: Si usted ve una persona en un Maserati, de inmediato deduce: *"Esa persona es millonaria porque maneja un carro millonario"*. Esa puede ser su percepción, pero la realidad tal vez no sea esa; la realidad tal vez puede ser que esa persona pidió prestado ese carro para hacerle creer a la novia que era millonario; o quizás esa persona se endeudó para comprar ese carro, pero le cuesta miles y miles de dólares poder pagarlo mes tras mes, porque no es millonario. Entonces, la percepción de la gente es su verdad; y muchas veces, nosotros cuando ponemos nuestras percepciones en lugares equivocados, en cosas equivocadas, vivimos nuestra vida engañados, porque vivimos en un mundo de percepciones solamente.

Todo cambia constantemente

Este mundo en el que vivimos está cambiando constantemente. Las células que usted tiene en su piel hoy no son las mismas que tuvo hace tres meses, porque el cuerpo humano se regenera. Cuando usted se baña, se seca con su toalla, no lo ve, pero están cayendo millones y millones de partículas al suelo o quedan impregnando el aire donde usted se encuentra. Estas partículas después las filtra su aire acondicionado y usted ve que está sucio porque tiene adherido polvo y restos de partículas de su piel.

De modo que hace tres meses la piel que usted tenía no es la misma que tiene ahora, porque todo está en constante cambio: hay nuevas células, nuevos tejidos y nuevas partículas en su cuerpo. Así mismo sucede con el resto de las cosas en el mundo, tanto con los seres vivos como con los minerales: Todo cambia constantemente.

El Libro de *Efesios 1:3* dice:
"Bendito sea el Dios y Padre de nuestro Señor Jesucristo, que nos bendijo con toda bendición espiritual en los lugares celestiales en Cristo".

Sin embargo, aunque el mundo cambia, Dios no cambia, y eso es lo lindo de saber: Quien lo ama a usted hoy, tal vez mañana no le ame; quien lo abrace hoy, tal vez mañana le odie; quien le da empleo hoy, tal vez mañana lo despida, pero quien nunca cambia es el Señor, porque Dios opera a través de leyes. Dios creó las leyes para operar a través de ellas y son leyes inmutables.

Muchas veces, tenemos la percepción de que Dios está sentado en el cielo, serio, con los brazos cruzados, esperando que nos portemos bien para soltarnos la bendición o que nos portemos mal para enviarnos un castigo; pero ese no es Dios, es la percepción que tenemos de Él. Para bendecirnos, Dios creó leyes que se cumplirán siempre, inevitablemente y bajo cualquier circunstancia. De manera que, si usted quiere que le vaya bien en la vida, opere sobre una ley física y no se le ocurra jamás operar en contra de ninguna de ellas. No diga nunca: *"Me voy a tirar desde un noveno piso porque Dios está conmigo"*, porque hay una ley sobre la cual Dios opera que es la Ley de la Gravedad, creada por Él mismo.

Si quiere que le vaya bien en la vida, móntese encima de una ley.

Descubra las leyes, móntese encima de una de ellas, funcione con ella y proyecte su fe, proyecte su vida encima de la ley que Dios diseñó. Rigiendo el mundo, hay muchas leyes físicas, pero así mismo también hay leyes espirituales más poderosas que las físicas, porque usted y yo somos espíritu, alma y cuerpo.

En este capítulo quiero hablarle de una ley que actúa en la vida suya y en la mía, y esa ley nos hace ser quienes somos y nos lleva a donde nosotros estemos apuntando a través de ella; es la *Ley de las creencias*.

¿Qué es una creencia?

Una creencia es la forma en la que el hombre organiza su vida para poder sustentar y satisfacer los deseos de su corazón. Usted organiza su vida con sus creencias, y esas creencias lo ayudan a satisfacer los deseos de su corazón en diferentes ámbitos de su vida.

En la vida tenemos creencias erradas y creencias que no son tan erradas. Por ejemplo: el apóstol Pablo fue un hombre que pasó de ser un asesino de cristianos a ser un formador de cristianos. Imagínese el cambio que tuvo que tener Saulo para convertirse en Pablo. Él tuvo que cambiar sus creencias, y la forma en que pensaba cuando se llamaba Saulo de Tarso y se dedicaba a asesinar gente, tuvo que dejar de ser un matón a sueldo pagado por el imperio romano y perseguir a los cristianos y asesinarlos, para ser el apóstol Pablo. Dios se le apareció de pronto en el camino, se reveló a su vida y su sistema de creencias comenzó a cambiar de una manera progresiva, y entonces, años después se convirtió en el apóstol Pablo; un hombre digno de imitar, porque él a su vez imitaba a Cristo. ¿Se da cuenta de cómo cambió la vida de ese hombre con haber cambiado sus creencias?

Las creencias cambian nuestra vida.

En la vida, tenemos creencias erradas acerca de la vida, filosofías de vida erradas que se han hecho comunes entre creyentes y no creyentes. Veamos algunos ejemplos:

Cuando muere un familiar querido, decimos: *"Mi ser querido murió porque Dios necesitaba una flor en su jardín"*, y mucha gente en verdad así lo cree. Por una parte, no nos vamos a convertir en flor cuando nos toque partir de este mundo, vamos a seguir siendo nosotros, y por otra parte, Dios no necesita flores en su jardín, Dios es el creador de las flores.

Cuando enfrentamos un problema o situación difícil, creemos: *"Este problema que enfrento me lo mandó Dios para castigarme"*. No, Dios no está aquí para castigarnos. Somos el fruto de caminar en una ley o de violentar una ley. Cuando violentamos una ley, Dios no nos castiga, la ley fue creada por Dios para que funcionáramos por ella y encima de ella, y si la infringimos, simplemente sufriremos las consecuencias.

Sobre lo que creemos que nos va a suceder al morir: *"Cuando yo muera, voy a reencarnar en un rinoceronte"*. Algunos creen realmente que cuando la gente muera, va a reencarnar en una hormiga, en un perro o cualquier otro animal. He conocido personas que creen que la abuela reencarnó en el perrito. ***La Palabra del Señor, que es digna de ser creída, no nos habla de eso.***

Acerca de cuándo, cómo y por qué Dios nos dará sus bendiciones: *"Dios me va a enviar una bendición del cielo ahora"*. Quiero decirle que tenemos creencias erróneas de que Dios fuera como una computadora; de que Dios, cuando nos portamos bien, derrama una bendición sobre nosotros. No, la bendición ya está;

hace más de dos mil años sucedió algo en la cruz del Calvario, donde Cristo murió y resucitó, destruyó la muerte, destruyó al enemigo, destruyó a Satanás y lo venció; y la Palabra del Señor nos dice que Cristo se sentó juntamente con Él en lugares celestiales para que usted pueda reinar y tener autoridad y dominio de las cosas cuando camina en las leyes que Él le da. Dios no me va a soltar un poquito de bendición cuando yo oro, no, Dios creó leyes para operar en ellas.

Sobre la soberanía de Dios. Decimos: *"Dios es soberano, Dios hace lo que él quiere"*. Yo creo que Dios es soberano, pero la iglesia heredó el concepto de soberanía de la filosofía griega. Las filosofías griegas, cuando hablan de la soberanía de Dios, dicen: *"Dios es soberano y Él cambia lo que quiere, quita y pone"*. No. Dios no es esquizofrénico. Dios creó leyes y no las va a violentar porque hoy se levantó y dijo: *"Mi hijo se está portando mal, le voy a cambiar la ley"*. Dios creó las leyes para que nosotros camináramos encima de ellas.

Hay leyes naturales y leyes espirituales.

Buscamos a Dios cuando las cosas nos van mal. Pregunto ¿Por qué buscar a Dios cuando matan a nuestros hijos en las escuelas? ¿Por qué buscar a Dios cuando viene un huracán destruyendo la ciudad? ¿Por qué hacemos del dolor el momento ideal para buscar a Dios, si Él nos dijo: *"Separados de mí, nada podéis hacer"*? Entonces, nosotros no fuimos creados para buscar a Dios cuando nos llega un mal momento, fuimos creados para buscar a Dios siempre y, entonces, nos irá bien, Él hará prosperar nuestro camino y nos bendecirá en toda la obra de sus manos.

Lo milagroso de la vida no está en lo que el diablo hace, lo milagroso en la vida viene de lo que Dios puede hacer sobre nuestra vida.

*"Pues su divino poder nos ha **concedido todo cuando concierne a la vida** y a la piedad; mediante el verdadero conocimiento de aquel que nos llamó para su gloria y excelencia". (2ᵈᵃ de Pedro 1:3)*

En otras palabras, le quiero asegurar que Dios quiere decirnos que la bendición que Él tiene no es para mañana; que la bendición que Él tiene para nosotros ya está, ya existe, pero usted y yo tenemos que aprender a atraparla, tenemos que aprender a decir: *"Es mía porque Jesús lo hizo por mí hace más de dos mil años en la cruz del Calvario".*

Niveles de creencias

Hay diferentes tipos de niveles de creencias. Veamos:

1. Creencia superficial

El nivel superficial de creencias es el pensamiento lineal que tenemos como personas, como seres humanos. Es un pensamiento mental.

2. Creencia intermedia

El segundo nivel de creencias es la creencia intermedia. Creemos en la ley de la gravedad, creemos en la ley de la temperatura, en la geografía, en la biología. Son niveles intermedios de creencias.

3. Creencias cognitivas

El tercer nivel de creencias es el más grande y se refiere a las creencias cognitivas. Las creencias cognitivas o nucleares son las creencias que son guardianes del espíritu. No es la temperatura, no es la bilogía; es la creencia que guarda su espíritu.

Usted cree con la mente que si se monta en un elevador y este se traba, va a tener suficiente oxígeno para esperar a que destraben el elevador; pero su espíritu no lo cree así. Su espíritu, cuando se traba el elevador, se desespera porque piensa que se va a ahogar. De ahí nacen las situaciones y los problemas de claustrofobia; porque usted sabe una cosa con la mente, pero con su espíritu, está captando otra.

Eso le sucede al ser humano, creemos que todo es a nivel mental, pero hay información que marca nuestro espíritu, nos ayuda y nos hace caminar equivocadamente en nuestra vida, porque son traumas que marcan nuestra vida y nos tienen limitados. Por eso, la presencia de Dios y la Palabra de Dios no son para la mente, son para el espíritu. Dice la Palabra *"Porque la palabra de Dios es viva y eficaz, y más cortante que toda espada de dos filos; y penetra hasta partir el alma y el espíritu, las coyunturas y los tuétanos, y discierne los pensamientos y las intenciones del corazón"*.

Lo que usted crea en su espíritu, ese va a ser su verdadero yo; no lo que le enseñaron ni lo que piensa. Hay verdades y hay creencias que las tenemos muy metidas en el espíritu, por eso la palabra de Dios tiene que penetrar en nosotros, tiene que romper profundo.

4. Creencias nucleares

Los niveles de creencias nucleares son los que gobiernan nuestra vida. Pero, hay algo más: lo más poderoso que el Espíritu Santo puede hacer por usted no es un milagro, es *cambiar las creencias de su corazón*, porque la palabra del Señor dice que *el hombre como piensa, así es.*

Cada creencia que usted tenga, le va a traer consecuencias. Si cree que es un tonto, que todos son más inteligentes que usted, que todo el mundo en la vida le quiere hacer daño, que es víctima de las circunstancias, víctima de su pasado, víctima de lo que le hicieron; bienvenido a una vida horrible, bienvenido al reino de las tinieblas. ¿Por qué? Porque está caminando en tinieblas, se está montando encima de una ley, porque *"el hombre como piensa en su corazón así es"* **(Proverbios 23:7)**.

Como usted piensa, así será.

Me siento en modo de enseñanza mientras escribo este libro, porque la iglesia necesita aprender a proyectar su fe, no bajo emociones ni como producto de emociones ni a causa de la crisis. Usted necesita proyectar su fe de acuerdo a lo que Dios dice, a lo que Dios piensa de usted; porque esa creencia afectará sus relaciones, su matrimonio, sus finanzas, esa creencia afectará quién usted es y con quién se relaciona, afectará su futuro y a todo su mundo. Su creencia afectará su atmósfera personal, familiar y corporativa.

Lo que hace el diablo en la vida del ser humano es tratar de engañarlo para hacerle creer que él tiene poder sobre nosotros. Si usted logra creer que el enemigo y las circunstancias del pasado tienen poder sobre su vida, Usted estará vencido por el enemigo; pero Dios se levanta en su vida para declarar que lo más grande que usted puede tener es una relación sobrenatural con Dios. Por encima de toda percepción, por encima de toda creencia, está la verdad de la palabra de Dios. Por encima de lo que le enseñó la vida, por encima de lo que le enseñó la filosofía, por encima de su pasado está el poder de la palabra de Dios.

Ahora, adquirir o cambiar las creencias toma tiempo. Le voy a poner un ejemplo: Si usted como mujer tiene una relación con un abusador que le da golpes, es un áspero, la insulta, la maltrata, y descubre que la ha estado engañando por muchos años, y usted le dice: *"¡Vete de la casa! ¡Huye de este lugar! ¡No quiero más nada contigo!"*. Usted lo despide de la casa a las ocho de la noche, pero al otro día a las ocho de la mañana, él está tocando su puerta diciéndole: *"Baby, perdóname. No era yo, algo más fuerte que yo me controlaba. He cambiado. Ya no soy el mismo. Dame una nueva oportunidad"*. Ahora, ¿Usted cree que esta persona cambió de verdad? ¿Puede una persona realmente cambiar su personalidad radicalmente en doce horas? Hay algunas mujeres que dicen: *"Bueno, yo le voy a dar una nueva oportunidad"*. Eso no es posible. Eso nadie se lo va a creer, porque usted y yo sabemos que un cambio real requiere de un profundo arrepentimiento. No hay cambio en la vida sin un arrepentimiento.

Arrepentimiento

La palabra *arrepentimiento* está representada en la Biblia con el término griego *metanoeo*, que significa *"cambio de mentalidad"*. El arrepentimiento es el pesar que una persona siente por algo que haya hecho y que considera malo, pecaminoso o que haya hecho un daño a alguien más, y esto lo conlleva a cambiar su pensamiento o creencia con respecto a su manera de actuar. Pero, usted no puede cambiar su forma de creer si no cambia su mentalidad; porque hay mentalidades que lo marcaron, que creció con ellas, vivió con ellas, las pensó por mucho tiempo, las consintió casi toda su vida; y ahora no puede cambiarlas en unas horas.

Lo único que puede cambiar sus creencias es la palabra de Dios.

La Biblia dice que *"el leopardo no puede cambiar sus manchas"*. Deje que el Espíritu Santo entre en su vida por medio de la palabra de Dios para cambiar sus creencias.

Dice **Hebreos 3:12** *"Cuídense, hermanos, de que ninguno de ustedes tenga un corazón pecaminoso e incrédulo que lo haga alejarse del Dios divino".*

¿Qué cosa es el pecado? **Pecado** es un corazón que no cree en las verdades de Dios. Eso es pecado; y cuando usted no cree en esta verdad, está en pecado, porque se está alejando del diseño original que Dios tiene para usted. El trabajo del Espíritu Santo es lidiar con sus creencias, que mientras usted esté manejando, mientras esté durmiendo, mientras esté batallando, le diga: *"Separado de mí, nada puedes hacer. Yo soy el que puede levantar tu casa"*.

Cambie su manera de pensar ¡Arrepiéntase!

Recuerde que la palabra *arrepentimiento* significa cambio de mentalidad. Algunos nos hemos arrepentido de nuestros pecados pasados, pero necesitamos arrepentirnos de nuestra mentalidad. Y eso necesita un entrenamiento. Cada vez que Dios escoge a un hombre, Dios lo mete en el entrenamiento de cambiar sus creencias. Dios puso a José en la casa de Potifar para que allí aprendiera a lidiar con la gente de clase alta porque en esa clase iba a vivir en el futuro cercano. Él no sabía que iba a ser primer ministro y que Dios tenía un destino preparado para él, pero Dios lo comenzó a entrenar para cambiarle la mentalidad, para decirle: *"Ya deja de hablar como hablabas, deja de pensar como un niño pobre y comienza a pensar como la gente de clase alta"*.

Dios te entrena para tu futuro.

Después, Dios lo metió a la cárcel para que aprendiera a lidiar con estafadores y engañadores, con gente con problemas y gente con mañas. Luego, Dios lo cambió y lo llevó a ser primer ministro de Egipto.

Las creencias no cambian de un día para otro, tienen que ser formadas.

Usted no puede decirle a alguien: *"Yo tengo una fe tan grande"* sin antes haber trabajado en su fe, haber proyectado y sembrado su fe.

Sus creencias son semillas

Hace casi cien años, cuando se descubrió la tumba de Tutankamón, un faraón egipcio que falleció más de mil años antes de Cristo, encontraron unas semillas que se habían depositado allí a la hora de enterrarlo. Posteriormente, algunos científicos tomaron estas semillas que tenían más de tres mil años, las sembraron; y la sorpresa para ellos fue que las semillas comenzaron a germinar y a dar frutos.

Cuando usted mira una semilla, tiene que ver que detrás de esa semilla hay un árbol. Las Escrituras dicen que la palabra del Señor es viva, y el Señor dice: *"Y el sembrador salió a sembrar y sembró una semilla"*. Es decir, la palabra de Dios es semilla.

Cuando usted siembra una semilla en alguien, no puede dar cosecha al momento, la semilla tiene que evolucionar; pero la semilla tiene vida.

Cuando usted se levanta por la mañana y su realidad le dice: *"Vas a perder la casa. Más nunca vas a ser feliz en tu matrimonio"*, tiene que comenzar a sembrar semillas en su vida. La palabra del Señor dice que Él nos dio autoridad y que todo lo que toquen nuestras manos será próspero, que nuestra generación va a ser bendita después de nosotros, que nuestros hijos verán la gloria de Dios y no vivirán lo que yo viví. Usted está sembrando semillas y se va a sorprender porque cuando menos lo espere, esa semilla va a producir un fruto.

Hoy en día vivimos *la generación microondas*, una generación acostumbrada a obtener todo lo que desea con un mínimo esfuerzo y en el menor tiempo. Para cada necesidad, hay una innovación que la suple fácilmente y de inmediato.

Esta generación quiere ver a Dios ahora.

Yo sé que Dios puede hacer cualquier cosa aquí y ahora, pero usted tiene que aprender a manejar sus emociones, a manejar su fe y a comenzar a sembrar para mañana recoger. La palabra del Señor dice que *"todo lo que el hombre sembrare, eso también segará".*

Estoy frustrado de ver muchos creyentes que ven la Biblia como una ruleta rusa: la abren diciendo *"¡Ay! Señor háblame. Tú sabes que estoy apurado, que debo ir al trabajo y no tengo tiempo hoy. Háblame, Señor. Por favor, Diosito".*

Muchas veces, Dios en su misericordia, usa que abramos la Biblia y nos da una palabra que nos edifique, pero Él no opera así siempre. Usted tiene que abonar el terreno de su casa, abonar su semilla. Algunas veces funciona, pero no siempre funciona así. Es una manera inmadura de vivir la vida cristiana.

La Palabra de Dios son semillas vivas que usted va sembrando al caminar.
Sea persistente porque las semillas de Dios son persistentes e incorruptibles.
Cuando usted siembra la semilla, la palabra de Dios se planta en el corazón y comienza a crecer.

Con este libro, yo estoy plantando semillas en usted. Espero que la semilla no caiga a la orilla del camino donde los pájaros del cielo lleguen y se la coman, donde los afanes de la vida la ahoguen.

Si usted siembra la semilla en el lugar correcto, va a ver bendiciones en sus finanzas, en su negocio, en la política y en todas las áreas; como estudiante, verá bendiciones en sus relaciones.

No seas generación microondas

Tenemos que declarar la Palabra, pero la cosecha no es una semilla, es un fruto. Queremos que la cosecha sea una semilla. ¡No! Dele tiempo a la semilla. Usted comience a creer en el área donde ha sembrado semilla en su corazón:

"Dios es libertador, Dios es sanador, Dios es mi prosperidad".

He conocido misioneros hermosos de Dios, grandes hombres que le han creído a Dios por la evangelización de multitudes; y el Señor les ha usado para traer miles y miles de personas al conocimiento de Cristo; porque ellos sembraron semillas en su corazón de fe, que si ellos predicaban la Palabra, la Palabra iba a dar frutos y millones iban a venir al conocimiento de Cristo a través de ellos. Pero, nunca sembraron semillas de sanidad que Dios como mismo la da, también en las almas hay sanidad y hay liberación. Dios los usó en el área de evangelización, pero tal vez Dios no los usó en el área de los milagros, porque no sembraron semillas de milagros. En el área donde usted siembra semillas, ahí habrá frutos. Mirémoslo al revés, donde no se siembren semillas, no va a haber frutos.

Si usted siembra la semilla en su corazón sobre todo lo que Dios dice de su matrimonio, va a ver frutos en su matrimonio. Si siembra semilla en su corazón de todo lo que el infierno quiere para usted, pero lo gira al revés, va a ver las manos de Dios sobre su vida.

¿Cuál es su creencia sobre Dios?

"Bueno me enseñaron que todos los domingos debo ir a la iglesia, darle al Señor la ofrenda, el diezmo, levantar las manos y adorar al Señor". Eso está muy bueno, pero es religión. ¿Cómo está su relación con Dios? Volvamos al versículo de **Hebreos 4:12,** donde dice *"La Palabra es como una espada con dos filos que penetra hasta lo más profundo a partir el alma y el espíritu"*. ¿Por qué necesita partir el alma y el espíritu? Porque su espíritu está sellado con palabras y creencias que ahora hacen de usted lo que es; y cuando la Palabra entra, parte; y no solamente parte el alma y el espíritu, me llama la atención que dice: *"Parte las coyunturas y los tuétanos"*. Los tuétanos son el tejido interior de los huesos, es decir, la médula ósea, donde se forma la sangre. Por eso, cuando hay un retiro de liberación, se predica la Palabra, ese mensaje llega a la médula ósea, y de pronto, se va la amargura, se va el temor, porque marca su sangre, cambia su ADN; donde le dijeron que tenía cáncer, ya no está el cáncer, las células cancerosas se desaparecieron, porque la Palabra penetra.

Usted tiene que permitir que la Palabra penetre, tiene que trabajar en que la Palabra penetre. Si no se pone vulnerable, le va a pasar como a la generación que Moisés sacó al desierto. Dios levantó una generación en el desierto, Él quería cambiar la mentalidad del pueblo en el desierto, pero ellos salieron con la mentalidad de Egipto. Ellos creían que las leyes de Egipto les iban a funcionar en el desierto y no era así, las leyes de Egipto eran para Egipto y las leyes del desierto eran otras. Ellos estaban gobernados por la presencia de Dios, pero creían y querían que las leyes de Egipto funcionaran en ellos.

¿Qué hizo Dios? Dios les dijo: *"O cambian de creencias, o se mueren en el desierto"*. ¿Qué pasó? Que se murieron en el desierto. Y no fue la próxima generación la que pudo entrar, porque las creencias nos evitan entrar a las temporadas y a las bendiciones que Dios tiene para nosotros. Algunas personas dicen: *"Yo sé que lo que Dios dijo para mí, eso va a suceder"*. ¡No! Usted tiene que trabajar en lo que Dios dijo que era para usted. Si Dios le dio a una Palabra profética de que lo iba a usar en los milagros, le aconsejo que se meta en el ADN y comience a trabajar en esa área, usted puede sembrar esa semilla donde empuje para que la palabra de Dios se cumpla en usted.

Si Dios le dijo que lo iba a usar en una empresa fructífera y le iba a hacer un hombre de negocios y un hombre de expansión, tiene que comenzar a usar leyes espirituales que lo lleven a hacer lo que Dios dijo que iba a hacer; pero si sigue pensando con la misma mentalidad de siempre, perdóneme, no va a pasar nada en su vida; se va a morir en el desierto y no va a ver cumplidas las promesas de Dios.

Pero, yo quiero decirle que Dios lo trajo hasta este libro para no volver atrás, para que lo que Dios dijo de usted se cumpla y usted lo pueda ver, disfrutar, gozar con su familia y que no se repita su misma historia.

¡Arrepiéntete!

El mensaje de Juan El Bautista era: *"¡Arrepentíos! ¡Arrepiéntanse!"*, porque antes de creer, usted tiene que arrepentirse. No puede creer si no se ha arrepentido. Recuerde que la palabra *arrepentimiento* significa *cambio de mentalidad*, usted no puede creer en algo nuevo si antes no cambia la mentalidad. Muchos cristianos evangélicos queremos creer en la Palabra, queremos creer en lo que Dios dice para nosotros sin cambiar la mentalidad.

Cuando decida cambiar la mentalidad, va a poder creer en lo que Dios hizo para usted. Ahora, está amarrado a lo viejo, a lo que le hicieron, a imágenes mentales que hacen de usted lo que es hoy. Diga: *"Señor, yo me arrepiento porque mis creencias no me han llevado a ningún lado. Mi forma de pensar no me ha hecho un hombre exitoso. Mi forma de pensar me ha llevado a la depresión, a ser un hombre o una mujer amargada. No me ha servido para nada. Yo me arrepiento y cambio mi mentalidad. Voy a comenzar a pensar diferente y a sembrar semillas en mi corazón"*.

Confesión sin arrepentimiento

Muchas personas confiesan, pero no cambian de mentalidad, no se arrepienten.

Arrepentimiento no es lo mismo que confesión.

Confesión es aceptar y manifestar su pecado delante del otro, es decir: *"Yo reconozco que he pecado"*. Arrepentimiento es el compromiso de cambio para no volver a pecar, es decir: *"Yo cambio de mentalidad y no voy a pecar más"*.

De aquí que, el hombre adúltero o la mujer adúltera, le pueden decir al esposo o esposa: *"Mi amor, yo confieso que he pecado. Perdóname"*, pero si no cambia la mentalidad, si no se ha arrepentido, va a volver al mismo pecado.

Si usted no se arrepiente,
volverá al mismo pecado.

La obediencia

Lo que yo creo con mi corazón,
me lleva a obedecer.

Muchos se preguntan: ¿Por qué si Dios es Todo poderoso, existe el mal en la Tierra? ¿Por qué si Dios es tan grande, yo he sufrido tanto en mi niñez? ¿Por qué si Dios es misericordioso, hace unos meses entró una persona a la tienda Walmart, mató a veinte personas y hubo más de veinte heridos? Si Dios es grande, si Dios es bueno, ¿por qué existe eso? ¿Por qué estoy viendo el mundo cómo está? ¿Por qué estoy viendo niños que sufren, niños que no conocen a sus padres?

Quiero decirles que Dios es el autor de todo bien; pero antes de que usted existiera, había un personaje llamado Lucifer que fue destituido de la gloria, pero no del poder. Él se rebeló contra Dios y dice la palabra del

Señor que fue *"lanzado a la Tierra"*. Al caer Lucifer como un rayo en la Tierra, sucedió la extinción de los dinosaurios, estos animales antiguos que dice la Palabra que murieron gran parte de ellos por una explosión que hubo.

El diablo fue vomitado a la Tierra, pero Dios, cuando creó al hombre, lo creó en la Tierra; porque Dios no le dio poder al hombre, solo le dio autoridad; autoridad para gobernar aunque estuviera rodeado del mal; autoridad para gobernar aunque hubiera una entidad, él tenía autoridad.

No es lo mismo tener poder que autoridad.

Satanás tiene poder, pero no tiene autoridad porque la autoridad le fue retirada en la cruz del Calvario. A él le fue quitada la autoridad. El enemigo es ilegal, él no tiene legalidad. Cuando una persona no tiene legalidad en un lugar, no tiene ni voz ni voto.

Satanás es un sujeto ilegal, no tiene derechos.

Todos se lo quitó Jesucristo en la cruz del Calvario.

Satanás se vino con poder del cielo. Él tiene poder, pero el poder no se puede usar si no se tiene autoridad.

La autoridad es lo que le da el derecho legal para utilizar el poder. Por tal razón, Satanás, en ciertos momentos, tiene poder y se le da autoridad para traer sufrimiento, dolor, cáncer, lupus, divorcios en la familia, para destruir familias, para destruir generaciones.

Dios le dio poder porque es un ser creado, pero ¿quién le da autoridad a Satanás si Dios se la quitó? La autoridad se la damos nosotros. De ahí que la Palabra dice: *"No deis lugar al diablo"*, porque cuando le damos lugar al diablo, él toma la autoridad que le fue quitada.

Usted y yo le damos la autoridad. Él no tiene derecho, pero nosotros lo autorizamos en nuestras vidas. ¿Cómo lo hacemos? A través de la desobediencia. Cuando usted tiene resentimiento, amargura, autoriza al diablo para hacer cosas en usted. *¡Usted le da derecho legal!*

Por esa razón, comencé hablando de **Deuteronomio 30:14-16** que dice: *"He puesto delante de ti la vida y el bien, la muerte y el mal, pero si tú quieres que te vaya bien, tú tienes que caminar en mis preceptos, en mis mandamientos"*; porque **cuando usted camina en los mandamientos de Dios, camina en obediencia**.

En una oportunidad, unos padres llevaron a un niño a uno de los retiros de nuestra iglesia, debido a que el niño había empezado a padecer de pesadillas, manifestaciones y apariciones extrañas en su habitación: veía monstruos y cosas horrorosas. Nosotros dialogamos con sus padres:

— *¿Qué tiene el niño? ¿Qué le sucede?* — Les preguntamos.

— *Él no duerme, es muy intranquilo y dice que ve cosas en su cuarto, que se le aparecen figuras horrorosas, monstruos* — nos relató su mamá.

— *¿Y cuándo comenzó esto?* — Les continué preguntando.

— *Pues, eso comenzó desde que nosotros comenzamos a ver una serie en Netflix en nuestra casa* — nos respondieron.

— *¿Y de qué se trata la serie?* — Nos interesamos en saber.

— *No es nada, son unos animalitos que representan a unos espíritus, pero nosotros no creemos en eso, no creemos en el diablo, creemos en Dios. Pero el niño no vio la serie, solo la vimos nosotros* ¾nos explicaron ellos.

¿Qué pasó en ese lugar? Hubo una activación demoníaca en esa casa. ¿Dónde se manifestó? A través del niño, la parte más débil del lugar. Pero, eso no solamente termina con visiones en el cuarto, el trabajo del enemigo es progresivo. El trabajo del enemigo, después de eso, será causarles enfermedad, pérdidas y dolor.

No le digo que Netflix sea malo ni que tenga que cortar con Netflix, sino que tiene que escoger lo que ve su familia, porque usted es el guardián de su casa y el mundo espiritual es muy sensible.

En esa ocasión, oramos por el niño, cancelamos toda mala influencia, anulamos esa atmósfera. En la próxima oportunidad que los padres asistieron a la iglesia, le pregunté a la mamá:

— *¿Cómo está el niño?*

— *Pastor, desde que oraron por él en la iglesia, todo cambió, el niño duerme tranquilo, como un niño de seis meses de nacido* — me respondió.

¿Por qué se resolvió esa situación? Porque nosotros cancelamos la autoridad.

Cada vez que un hombre o una mujer violentan y desobedecen a Dios, están dándole autoridad y empoderando al enemigo a trabajar en su casa.

Cuando usted es un hombre que maltrata a su esposa, autoriza al diablo a que gobierne a su familia. Cuando usted es un hombre o una mujer que maltrata, que grita, que siempre se está quejando de sus hijos y maldiciéndoles, está dándole autoridad al diablo para gobierne su casa.

Cuando usted no descubre los principios de la Palabra, cuando no honra al Señor con sus bienes, cuando dice: *"Yo sé que Dios me va a prosperar, pero yo voy a diezmar cuando yo tenga dinero para eso"*, usted autoriza al enemigo sobre sus finanzas. De aquí que **Malaquías 3:12** dice: *"Probadme en esto y yo voy a reprender al devorador"*.

Cuando usted honra al Señor con sus bienes, Dios levanta un vallado alrededor de ellos y cubre su casa.

Quiero retarle a que comience a operar encima de las leyes de Dios y verá que va a haber un rompimiento en su vida y una aceleración en todos sus procesos.

Nosotros podemos orar por usted en la iglesia, ponerle las manos y declarar bendiciones para usted y para su familia, pero si hay un área de su vida donde le está dando derecho legal al enemigo, mi oración no va a funcionar porque Dios opera a través de leyes y el enemigo tiene legalidad en su vida y en su casa.

Nosotros hemos orado por muchas personas y les hemos sugerido que saquen cosas de su casa que han generado malas influencias en sus vidas, figuras, amuletos e implementos de brujerías, pero ellos dicen: *"Bueno, pero voy a dejar esto porque es recuerdo de mamá". "Este amuleto me lo dejó mi abuela". "No le voy a decir nada al pastor, voy a botar todo, pero esto no, esto se queda acá".* Después, algunos vinieron asustados en la noche a decirme: *"Pastor, anoche yo soñé que se me aparecía un personaje negro que me decía: Yo vengo por lo mío, porque lo que tienes en el closet me pertenece".*

Así sucede realmente, puede haber cosas en su vida, en su casa, que le pertenecen al enemigo y le dan derecho legal para enfermarlo a usted o a algún miembro de su familia, para hacer que no prospere, para que las cosas le salgan mal, aun para que muera antes de tiempo.

¿Qué está empoderando al enemigo para que usted no salga adelante? Que usted mantenga su vieja mentalidad. Para Israel, el desierto se convirtió en el centro de su cambio de mentalidad. El Señor les dijo: *"O cambian o se mueren; porque ustedes no pueden entrar a la tierra de las promesas si no cambian de mentalidad"* ¿Qué sucedió? Que se murieron todos y solamente entró la generación de Josué y de Caleb que sí habían cambiado la mentalidad y el Señor les dijo: *"Por cuanto en ti hubo un espíritu diferente, te meteré en la tierra que le prometí a tus antepasados".*

¿Por qué las personas, sabiendo que tienen que cambiar, no lo hacen? Porque necesitan arrepentirse de lo viejo, renunciar a lo viejo, y ahí es donde está la parte difícil. A todo ser humano le es duro renunciar a lo que ha tenido o ha hecho por largo tiempo y le produce algún tipo de satisfacción o beneficio, así sea momentáneo y sepa que le producirá un mal futuro o permanente.

> *Mateo 21:31* dice: *"Porque Juan vino a vosotros en camino de justicia, y no le creísteis; pero los recaudadores de impuestos y las rameras le creyeron; y vosotros, viendo esto, no se arrepintieron después para creerle".*

Necesita primero arrepentirse para después creerle.

Creer bien, no es pensar bien. Creer bien no es pensamiento positivo. El pensamiento positivo no le va a cambiar su vida, lo que lo va a hacer es la mentalidad que usted tenga.

Amado lector, lo libero en el nombre de Jesús de esa mentalidad y va a renunciar a su vieja manera de pensar en el nombre de Jesús.

¿Cuáles son aquellas cosas que le dan legalidad al enemigo en su casa y en su trabajo? ¿Cuál es el área de la desobediencia que le está dando autoridad al enemigo para atacarlo?

La Palabra del Señor dice: *"Cuando los caminos del hombre son agradables para el Señor, aún hasta a sus enemigos los hace estar en paz con Él".*

No significa que no vamos a tener pruebas en la vida y que no vamos a tener clavos ni problemas, claro que los vamos a tener, pero Dios nos va a guardar, vamos a salir bendecidos y con un testimonio. No quiero decir que usted no va a perder el trabajo en determinado momento, tal vez le despidan por algún motivo, pero después habrá una bendición más grande que la que tenía cuando estaba ganando veinte o veinticinco dólares la hora. Probablemente, Dios le lleve a un lugar donde le van a pagar más, porque Dios trabaja así, Dios opera así.

Mentalidad de tierra prometida

Cuando usted tiene mentalidad de desierto, usted dice: *"¡Ay! Me echaron del trabajo"*, *"¡Ay! El médico me dijo esto"*, *"¡Ay! Me voy a morir"*, pero cuando usted tiene mentalidad de tierra prometida, usted dice: *"Espérate, que yo no me voy a morir en el desierto porque lo que Dios tiene para mí es mayor"*.

Esto no se trata de crear un culto evangélico y decir: *"Yo voy a tener fe y mentalidad positiva para salir adelante"*. No, comience a sembrar semillas, levántese en la mañana, búsquese una pizarra, escriba las promesas que Dios le dio.

Mi esposa y yo tenemos una pizarra en uno de nuestros cuartos donde tenemos pactos, decretos, palabras proféticas, palabras de Dios, versículos que nos aumentan la fe; y cada mañana cuando nos levantamos, decimos: *"Tú dices esto, y aunque no lo hemos visto aún, pero lo vamos a ver"*. *"Tú dices esto otro, aunque no lo hemos visto aún, pero para allá vamos"*. *"Tú dices esto y yo lo declaro, yo lo hablo, ¡Yo lo creo!"*.

Comience a creer más en la Palabra y creerle menos a sus dudas.

Sé que muchos de los que están leyendo este libro tienen que arrepentirse delante del Señor, tienen que decirle: *"Señor, perdóname porque mi mentalidad no me ha llevado a ningún lado"*. Sepa que mientras usted lee, Dios le está hablando a usted y a su familia. Yo no soy mago para cambiar su vida, yo no soy nada para poder cambiarle su destino; pero le digo y apunto que si hace lo que la Palabra dice que haga, va a prosperar y va a salir adelante; pero pensando lo mismo de siempre, va a continuar igual que siempre.

Usted tiene que comenzar a sembrar semillas, a sembrar la Palabra, porque lo que ha hecho hasta ahora no le ha funcionado, lo tiene triste, lo tiene atado sin hacer nada para Dios, lo tiene limitado, restringido; pero en el nombre de Jesús, yo declaro sobre su vida que vienen tiempos de expansión y de bendición sobre su casa.

Antes de terminar este libro, quiero invitarlo a comenzar a sembrar las semillas, a comenzar a cambiar su mentalidad, a edificar un altar en su casa, a crear atmósfera del cielo en su casa.

Tome esta palabra y declare: *"La Palabra del Señor dice que Él bendecirá mi salida y mi entrada. La Palabra del Señor dice que Él bendecirá a mis hijos. La Palabra del Señor dice que Él me ha puesto como cabeza y no como cola; y yo lo declaro, lo hablo, lo repito, se lo digo a mis hijos, lo escribo en la pared, lo escribo en la pantalla de mi computadora y cuando se me apague la computadora, el refrescador de la pantalla dirá: ¡Dios es tu guardador!"*.

Usted tiene que decirle:

"Señor, yo me voy a ocupar de sembrar tu Palabra en mi vida".

Diga con convicción y compromiso:

"Señor Jesús, en este momento yo rehúso y me arrepiento. Perdóname, Señor por aquellas cosas que le han dado legalidad al enemigo. Perdóname por mi mentalidad. Me arrepiento y decido en este instante cambiar mi mentalidad, cambiar todo lo que alguien algún día sembró en mi corazón. Declaro que a partir de este momento, la Palabra tuya se siembra en mi corazón. Padre, ayúdame a ser un buen sembrador porque el buen sembrador ve los frutos. En el nombre de Jesús, amén".

El Espíritu Santo lo ayudará

Cree una atmósfera y comience a cancelar y a quitarle autoridad y legalidad al enemigo en todas las áreas de su vida. Yo no conozco su vida, no conozco lo que hace cuando cierra la puerta de su casa, lo que habla cuando cierra la puerta de su cuarto, no sé quién es usted; pero yo quiero decirle algo: hay alguien que si lo sabe y se llama **Espíritu Santo**. Él está en todas partes, Él se mete, escudriña, mira, está al lado suyo cuando está sacando cuentas en la computadora, está con usted en su cuarto en la intimidad. Él es la presencia de Dios, es la presencia de alguien que es bueno, es fiel, es hermoso, es tierno.

Hace algunos años, pude entender lo que es la presencia del Espíritu Santo porque se me metió en mi carro mientras yo manejaba. Es algo imponente, indescriptible, pero si lo pudiera definir, lo definiría como tierno, inocente, amoroso. Él nunca piensa mal de nosotros. Él es bueno, es fiel, es una persona tan inocente y tan buena, pero a la vez tan poderosa que toda rodilla se tiene que doblar delante de Él.

Hay dos formas en la vida en las cuales aprendemos: una es por maduración y otra es por trituración. Las circunstancias nos pueden triturar. La obediencia nos puede madurar. Espíritu Santo, yo te necesito a ti, yo solo no puedo.

El Espíritu Santo lo conoce a usted, conoce sus debilidades, Él sabe cuándo se cansa, cuándo se frustra, Él conoce cuándo su corazón se llena odio, de resentimiento. Dígale:

"Ayúdame a cambiar mi mentalidad, Espíritu Santo. ¡Cámbiame!".

El Espíritu de Dios está con usted en el lugar donde usted esté. Él lo está cambiando, le está diciendo: *"Separado de mí, nada podéis hacer. Arrepiéntete para que entonces puedas creer. Arrepiéntete de esa mentalidad".*

No ha sido por azar que este libro ha llegado hasta usted, los ángeles de Dios lo pusieron en sus manos y están poniendo la corona en su cabeza donde Dios le dice: *"Eres más que vencedor. Yo te he dado autoridad para prosperar, te he dado autoridad para vencer. Eres mi hijo, mi hija, te he dado autoridad para vencer sobre todo lo que gobierne tu pasado, todo lo que gobierne en tu destino. El enemigo no tiene derecho legal al menos* que tú se lo entregues. Él está destruido, derrotado, desarmado. Él no tiene autoridad sobre tu vida ¡Quítasela! Quítale la autoridad que algún día le diste, dile: Ya no más. Hoy te quito la autoridad. Tú no tienes autoridad en mi vida".

Los ángeles existen

Los ángeles son mensajeros de Dios para ayudarlo a usted a complementar la obra.

En una ocasión, me reuní con una pareja de Argentina que iba para Rusia. Ellos me decían: *"Pastor, desde que en mi casa comenzaron a aparecer los ángeles, el ambiente y la atmósfera cambió, hasta el perro pudo percibirlo". "La primera vez que un ángel me visitó, me visitó en mi cuarto. Era un personaje grande, potente; me asusté al principio porque nunca lo había visto. Pude ver con mis ojos la presencia de Dios, pude ver que Dios gobernaba en mi casa; y lo que antes para mí era invisible, lo pude ver con mis ojos visibles"*, me decía esta misionera. Me decía que hasta el perro lo pudo percibir: *"El perro estaba conmigo y lo vio. No quiso entrar mi cuarto por una semana. Se asustó tanto que se metía debajo de la cama y aullaba, porque el mundo espiritual es más real que tú realidad".*

Su realidad es esta, pero el mundo espiritual está por encima de su realidad. Su realidad es cambiante como el clima de Houston, pero la verdad nunca cambia.

El Espíritu Santo es eterno, es bueno, es fiel.

Aprenda a moverse más en lo sobrenatural de Dios y va a cambiar el destino de su vida, el destino de su generación, los resultados de sus finanzas, la paz de su casa. Es hora de que en su casa haya paz y usted tiene que aprender a traerla.

Hace unas semanas estuve escuchando una noticia sobre un asteroide que venía sobre la tierra y que los científicos lo descubrieron unas horas o unos minutos antes. Gracias a Dios pasó rosando la tierra, pero la tierra tiene algo particular y es la atmósfera. La atmósfera es lo que hace que cualquier asteroide se rompa, se derrita antes de entrar al golpear la tierra.

La atmósfera de su casa, la atmósfera de su hogar es la que va a ahuyentar la muerte de su casa. Si en su casa hay pleitos, quejas, avaricia, afán por las cosas de este mundo; usted va a atraer ese tipo de asteroides, de problemas en su vida, de muerte, de enfermedad, de dolor; pero cuando usted cae en la atmósfera de cielo, cualquier plan del enemigo se va a desintegrar antes de tocar su casa, y en caso de tocarlo, será lo mínimo.

Aprenda a activar los ángeles de Dios en su vida, porque Dios puso a los ángeles como mensajeros, como ayudadores. Son gente de lujo, son gregarios de lujo que Dios pone a su alrededor, a su servicio. Usted no los ve, pero están ahí. Los ángeles son colaboradores y nos ayudan a limpiar también nuestras atmósferas.

Si usted no ha construido su atmósfera, hoy es el momento de comenzar. Si ya la edificó, entonces, cuídela, el mundo espiritual es muy sensible. Por eso, la Biblia compara el Espíritu Santo con una paloma. Las palomas son mansas, pero ante cualquier gesto que las espante, abandonan el lugar y se van.

Por el hecho de que usted tenga una puerta abierta de bendición en su vida, no quiere decir que ya todo está asegurado. Lo maravilloso en un creyente no es abrir una puerta de bendición sino mantener la puerta abierta. Esto solo se puede lograr a través de una atmósfera en donde Dios habite permanentemente.

¿Habita Dios permanentemente en su casa? Es su casa un lugar de descanso del Espíritu Santo. Jesús tenía un lugar preferido para descansar, la casa de María, Martha y su hermano Lázaro, existía en esa casa una atmósfera preparada para él. Por eso aún en los tiempos difíciles que atravesó la familia de María, Lázaro y Martha, hubo resurrección disponible para ellos. Si usted logra edificar una atmósfera correcta y hacer de su casa, de sus bienes, de su familia, y todo lo que valora, un lugar donde Dios habite, aun en los momentos de sacudimientos que vendrán sobre el mundo y sus moradores, no será removido, sino que siempre habrá un día de resurrección y una voz que diga: ¡Ven fuera!

A continuación quiero compartirles un manual de Declaraciones Proféticas para leerlo y compartirlo en familia en el Altar Familiar.

Si usted logra mantener una disciplina de un Altar Familiar al **menos una vez por semana por tres meses**, le aseguro que su atmósfera en el hogar cambiará y los resultados en sus hijos, su matrimonio, la salud y las finanzas del hogar tendrán un antes y un después a partir de esa fecha. Anote la fecha en que comienza.

- Un altar familiar es un punto de contacto de la Familia con Dios.
- Es la manera Bíblica de Dios para habitar en una familia.

6 Pasos para celebrar un Altar Familiar y edificar la atmósfera en el hogar:

1. Reúna a toda su familia en un lugar cómodo de la casa, si alguno de los miembros de la familia no quiere participar, no importa, hágalo con los que deseen. Recuerde que para entrar a la presencia de Dios algunas veces habrá guerra y oposición, pero si logra entrar, encontrará la paz.

2. Comience usted como sacerdote con una oración de invitación a la Presencia de Dios.

3. Escoja una música (en pista o Karaoke) donde como familia, todos puedan cantar juntos alabando y adorando al Señor por unos diez minutos.

4. Compartan al menos un testimonio de la fidelidad de Dios donde todos escuchen la manera cómo Dios está obrando en la familia.

   Recuerda que el testimonio atrae al presente la misma unción que provocó que este sucediera en el pasado, y lo repite en el ahora, en otras áreas donde necesitemos un milagro.

5. Lea en voz audible uno de los catorce temas que a continuación le compartimos y juntos hagan la declaración profética audiblemente como familia o matrimonio.

Permita que algunos de los participantes lean alguna parte de la lección. Así pondrá a participar a todos en algún punto de la reunión. Delegue responsabilidades a la familia de participación, previo a la preparación de la reunión familiar.

6. Seguidamente, antes de orar por las necesidades y peticiones, permita que sus hijos también le compartan peticiones por las cuales necesitan oración, como desafíos en la escuela, materias por superar, situaciones relacionales, entre otras. Haga una oración de fuerza y de rompimiento por cada petición. No haga oraciones secas y frías, recuerde que usted es el moderador de lo que usted espera ver en otros. Usted está edificando una atmósfera sobrenatural familiar.

*Este manual es solo un ejemplo de tantos temas que usted puede compartirle a su familia en un Altar Familiar.

Si usted logra mantenerlo por tres meses en su hogar, usted habrá edificado una atmósfera que marcará su territorio.

Bienvenidos a Una Nueva Atmósfera Donde Dios es Coronado como Rey de Reyes y Señor de Señores.

Declaración Profética **1**

SOBRE LOS PENSAMIENTOS

"No me acordaré de las cosas pasadas, ni traeré a mi memoria las cosas antiguas. He aquí que Dios hace cosa nueva; pronto saldrá a luz; ¿no la conoceré? Otra vez Dios abrirá camino en el desierto, y ríos en la soledad." **(Isaías 43:18-19)**

Muchos de los problemas presentes que atraemos a nuestra vida, tienen su origen en el poder de las memorias.

Momentos desagradables que vivimos, palabras que nos dijeron, palabras que dijimos, errores que cometimos, fracasos que tuvimos, heridas que nos hicieron y heridas que produjimos, además de muchos ingredientes que cuando los traemos al presente son la respuesta a nuestra condición actual.

¿Será posible que el poder de un recuerdo sea tan fuerte que nos atrase en nuestro caminar por la vida? ¿Será posible que un pensamiento haga que los propósitos de Dios en nosotros sean abortados?

¡Definitivamente sí!

El poder de los recuerdos puede lastimar heridas pasadas y posicionarnos en lugares de desventaja frente a los desafíos del presente.

Un recuerdo nos hace sentirnos víctimas e incluso nos predispone para experiencias buenas en el futuro.

Por eso, algunos dicen: *"A mí todo me sale mal"*.

Otros aseguran, al llegar un obstáculo inesperado: *"Yo sabía que esto me iba a pasar"*.

¿Por qué lo sabían? ¿Acaso conocen el futuro?

Sencillamente, sus pensamientos estaban condicionados a las experiencias del pasado.

A muchas personas las experiencias negativas del pasado les han posicionado en un lugar de desventaja y, por eso, sienten un temor enfermizo de fracasar, porque más que un pensamiento se ha establecido una mentalidad que, a su vez, ha sido producida por una atmósfera espiritual que desencadenó una serie de acontecimientos en la vida de la persona.

Vivir condicionado por las vivencias del pasado, es como tratar de empujar una carreta con ruedas cuadrada. ¡Imagínelo por un momento!

Estamos invirtiendo nuestros recursos y esfuerzos en vano, por eso, antes de continuar, creo necesario que arreglemos el asunto de las ruedas.

¿Cuántos de nosotros, en algún momento, hemos tenido alguna invasión de cucarachas en la casa? Seguramente que la mayoría.

La primera reacción que todos tenemos es de matar las cucarachas, pero es muy probable que estas hayan sido atraídas por restos de comida y alimentos en descomposición. Podemos matarlas a todas, pero la misma descomposición producirá que, de algún otro lugar, las cucarachas sean atraídas otra vez hacia el sitio donde estaba la comida descompuesta. Porque la descomposición atrae todos estos tipos de animales.

¡Antes de matar las cucarachas, necesitamos ocuparnos de eliminar del lugar toda comida corrompida y limpiarlo de toda descomposición y mal olor!

Es muy probable que las cucarachas se vayan sin necesidad de una "masacre de cucarachas".

Después, ocúpese de matarlas. Primero, descubra la causa que las atrajo hacia su casa.

De igual forma, los pensamientos que no han sido sanados atraen *"cucarachas"*, atraen una activación espiritual oscura que es la causante de que no salgamos adelante.

¡Necesitamos reemplazar nuestros pensamientos y nuestros recuerdos!

Dios quiere que nuestros recuerdos malos sean reemplazados con pensamientos de paz, confianza y seguridad en Él.

¿Pero cómo reemplazarlos... si han sido parte de mis vivencias? Ignorarlos y darle la espalda a una realidad que conozco muy bien no es la solución.

No se trata de ignorar una realidad, sino de sustituir una realidad pasada, por una verdad eterna e inconmovible.

Su realidad está basada en hechos, pero la verdad es el nivel más alto de su realidad, y eso tiene un peso más grande que su presente. Por esta razón, comencé esta declaración con una escritura de la palabra de Dios. Esa palabra está por encima de la realidad que usted ve.

Nuestro pasado no podemos transformarlo, por mucha energía emocional que invirtamos en ello. Es mejor invertir nuestra energía emocional en trabajar en el presente con la verdad de Dios, que es Su Palabra en nuestra boca.

Todo se trata de reemplazar una realidad pasada y presente por una verdad eterna que podría transformar nuestro futuro y nuestros conceptos.

Digo *"podría"*, porque tal vez usted no esté dispuesto a hacerlo, y si su respuesta es *NO*, se convertirá en alguien que camina hacia el futuro mirando hacia el pasado, como el que maneja mirando siempre por el espejo retrovisor de su auto.

Usted decide qué hacer con sus memorias, si reemplazarlas o seguir alimentando sus pensamientos de fracaso, de ruina y de temor al futuro.

Usted y yo podemos escoger qué camino tomar: si decide que su presente y su futuro dependan de sus recuerdos del pasado o si decide reemplazarlo.

¿Por qué podría reemplazarlo?

Por la verdad de la palabra de Dios. Por las cosas nuevas que Él promete para los que confían en Él. Dios promete abrir caminos en el desierto y ríos en la soledad.

No... no se trata de usted. No es usted quien los tiene que abrir... no me malentienda. Dios se encarga de hacerlo cuando aprendemos a edificar una atmósfera donde Él habita.

A usted y a mí solamente nos toca confiar, pero también interesarnos por sacar los escombros que no permiten fluir un agua fresca y que esa agua inunde el lugar en donde nos encontramos.

¡Saque las cucarachas! ¡Reemplace sus memorias! SÍ ¡Dije reemplazar! Reemplace las memorias por lo que dice Dios que somos y que tenemos en Él.

Intente, día a día, poner en su boca algunas de las maravillosas promesas que Dios tiene para usted.

No se trata de una vana repetición ni de un rezo; se trata de hablar lo que Dios dice que usted puede recibir cuando decide creerle.

Recuerde una cosa: *la vida es una batalla de argumentos, y siempre gana quien más argumentos tenga a su favor.*

Mucha gente pierde la batalla porque no conoce los argumentos que tiene a su favor. ¡La Biblia está llena de argumentos a su favor!

De ahí que es importante buscar los manantiales de vida que están en Su Palabra Viva, meditarla, rumiarla. ¡Sí! Eso mismo que hacen los animales del campo cuando comen la hierba y al parecer ya se la tragaron, pero de pronto, vuelven a masticarla.

¡Así debemos hacer con la Palabra de Dios!
¡Allí está el milagro!

Mire. Dude más de sus dudas y decida creer más en lo que Dios dice de usted.

En definitiva, Dios fue quien lo creó a usted, y si Él dice que usted puede, es porque seguramente sí puede.

Le invito a que juntos podamos declarar esta verdad de la Palabra de Dios. ¡Les enseñaré a cambiar la atmósfera! Tome de la mano a sus hijos y a su esposa, y comencemos juntos a hacer esta oración profética:

¡Cambiemos la atmósfera ahora!

Señor, mi Dios, tu palabra dice que Tú siempre estás creando algo nuevo para nuestra vida. Hoy decido que:

"No me acordaré de las cosas pasadas, ni traeré a mi memoria las cosas antiguas". **(Isaías 43:18)**

"He aquí que Dios hace cosa nueva; pronto saldrá a luz; Otra vez abrirá camino en el desierto, y ríos en la soledad". **(Isaías 43:19)**

Hoy declaro: ¡Sea la Luz! ¡Sea la Luz! ¡Sea la Luz!

- *Preparo mi corazón para recibir algo nuevo, diferente y grandioso de parte de Dios, cierro mi mente y mi corazón al fracaso y a la derrota.*
- *¡No me pertenecen! ¡No son parte de mi ADN espiritual!*
- *El fracaso de ayer pertenece al pasado, echo mano de lo nuevo que Dios ya hizo a mi favor.*
- *Cierro hoy toda brecha en mi vida que pudiera darle acceso a Satanás y a los demonios. **(Eclesiastés 10:8)***
- *Reconstruyo el muro y reparo la brecha. **(Isaías 58:12)***
- *¡Levanto muros de salvación y puertas de alabanza! **(Isaías 60:18)***
- *Cancelo en el nombre de Jesucristo pensamientos de derrota, fracaso y pesimismo.*
- *Anulo pensamientos de pobreza, estancamiento y ruina.*
- *Oro por un vallado de protección alrededor de mi mente, de mi cuerpo, de mi espíritu, de mis posesiones, mi familia y mis finanzas en el nombre de Jesús.*
- *Hoy renuncio en el nombre de Jesús a recuerdos del pasado que un día me produjeron pérdidas y dolor.*
- *¡Decido reemplazar pensamientos y argumentos antiguos por las promesas de la palabra de Dios que tengo y que me pertenecen por herencia!*
- *Decido sacar la palabra "derrota" de mi vocabulario.*
- *Todo lo que hago me saldrá bien, porque la palabra de Dios me lo dice en **Romanos 8:28** y en **Isaías 3:10***

- *Hago parte de mi vida los pensamientos y los planes que Dios ya designó para mí desde antes de la fundación del mundo.*

- *Declaro que, muy pronto, veré cosas nuevas de Dios para mi vida. Declaro que pronto saldrán a la luz. Declaro que lo que está entorpeciendo, ahora mismo es removido.*

- *¡Proclamo que Dios está trabajando a mi favor!*

- *Declaro que Dios acelera sus planes para bendecirme y visitarme, nunca antes.*

- *¡Sus pensamientos para mí serán cumplidos!*

- *Lo creo y lo declaro en el nombre de Jesús. Amén.*

Si usted hace este tipo de ejercicio espiritual con su familia, al menos una vez por semana, le aseguro un 100% que su atmósfera cambiará.

SOBRE EL TEMOR

"No tendré temor de pavor repentino, ni de la ruina de los impíos cuando viniere, porque el Señor será mi confianza" **(Proverbios 3:25-26)**. *"En el día que temo: Yo en ti confío."* **(Salmos 56:3)**

Un síntoma común del ser humano es el temor al futuro. La gente teme perder lo que tiene bajo control. Temen que un evento no planificado los haga salir de su zona de seguridad o de confort.

Temen que sea la última vez que vean a sus hijos que salen de casa hacia sus escuelas. Temen que el doctor les pronostique que podrían morir prematuramente. Sienten temor a perder el trabajo, a sufrir un accidente, temor a la traición, a un golpe bajo.

¡El mundo es controlado por una ola de temor, temor y temor y temor!

Podríamos hacer una gran lista, pero ¿cómo enfrentar los temores y vencerlos?

La Biblia dice que no debo temer, porque el Señor será mi confianza. El temor es un imán que atrae eso que no queremos que nos suceda.

Job escribió: *"Lo que temía, eso me aconteció."* **(Job 3:25)**

Como decía en el capítulo pasado: Hay personas que, por naturaleza, siempre están pensando que algo malo les va a suceder, y cuando les sucede, concluyen diciendo: ¡Sabía que me iba a pasar!

Necesitamos conocer que hay un antídoto contra el temor, y ese antídoto es el amor.

¡El verdadero amor echa fuera el temor!

La fe obra a través del amor. La fe no es una actitud ni un estado mental, la fe es la esencia del amor de Dios en mí, y que expreso con mis obras para Dios y hacia los que me rodean.

En otras palabras, para dejar de temer, debemos aprender a amar correctamente. Aprender a amar a Dios de una manera genuina, personal e íntima.

A medida que aprendemos a amar a Dios, el temor desaparecerá y aparecerá la manifestación de su presencia, reemplazando el temor a lo que está por venir.

Estadísticamente, la mayoría de la gente temerosa, son personas que han estado carentes de amor, de manera que no pueden comprender el gran amor de Dios.

*"En esto consiste el amor. No en que nosotros hayamos amado a Dios, sino en que Él nos amó primero". **(1 Juan 4:10)***

Cuando usted logre entender esta verdad, el temor desaparecerá progresivamente... Entenderá que Dios tiene un plan perfecto para su vida, y que, así como el padre se compadece de sus hijos, así mismo se compadece Dios de aquellos que le aman.

> *Nadie tiene derecho a gobernar su destino, sino aquel a quien usted se lo entregue.*

Cuando tomamos decisiones por cuenta propia, sin consultar a Dios, es muy probable que algo no salga bien y tengamos que temer al fracaso.

Ahora bien, una vez que le entregamos nuestros planes a Dios, Él no tiene que seguirnos a nosotros, sino nosotros seguirlo a Él. Recuerde que es Él quien pone las reglas del juego.

Hablemos juntos esta declaración profética:

- *Señor, entrego en tus manos el destino de mi vida, de mi matrimonio, de mis hijos y de toda mi generación.*
- *Proclamo que no me gobierna la suerte, ni el azar. Mi vida está gobernada por tu perfecto plan, porque he hecho de ti el Señor de mi vida.*
- *Proclamo que nadie más tiene autoridad legal sobre mi destino, solamente Tú; por tanto, todo espíritu que no provenga de parte tuya está desautorizado para gobernar mi vida.*
- *Renuncio y cancelo cualquier espíritu de temor que intente mantener mi vida atada.*
- *No tendré temor de malas noticias, ni de la ruina de*

mis enemigos *(Proverbios 3:25-26)* ni de la misma muerte, porque Dios todavía no ha terminado su obra en mí.

- Proclamo hoy que "en el día que temo, yo en ti confío." *(Salmos 56:3)*

- No moriré joven ni de muerte prematura. Veré la provisión y la bendición de Dios en los días de mi existencia en esta tierra.

- Declaro que no he recibido espíritu de cobardía sino de poder, de amor y de dominio propio. *(2 Timoteo 1:7)*

- Soy bendito con toda bendición espiritual en los lugares celestiales en Cristo. *(Efesios 1:3)*

- Tengo vida y la tengo en abundancia. *(Juan 10:10)*

- La ruina, el dolor y la miseria no son parte de mi vocabulario... renuncio a ellas.

- Hoy entro en un terreno de confianza y una nueva etapa de bendición, en la que conoceré el poder de la Palabra y las promesas de Dios activadas en mi vida.

- Declaro que soy fortalecido en el hombre interior por Su Espíritu. *(Efesios 3:16)*

- Proclamo que mi corazón caminará en paz, porque Dios promete ser mi confianza.

- **No tendré temor de pavor repentino, ni de la ruina de los impíos cuando viniere, porque el Señor será mi confianza. (Proverbios 3:25-26)**

Lo proclamo en el nombre de Jesucristo. Amén.

* Tome cada verso marcado y háblelo con fe, creyendo que cada palabra viene de la boca de Dios y todo lo que viene de Dios produce vida y un efecto de cambio.

Declaración Profética 3

SOBRE LA PROVISIÓN

"Jehová es mi pastor; nada me faltará. En lugares de delicados pastos me hará descansar." **(Salmos 23:1-2)**

La relación con Dios no se trata de cuánto sabemos de Él, sino de cuánto creemos de todo lo que sabemos de Él.

Cuando logramos creer una verdad de Dios, es solo entonces, cuando esa verdad se activará como un escudo a nuestro favor y se manifestarán sus recursos en nuestra realidad física.

¿Sabe usted cuánta gente conoce este *Salmo 23*? ¿Puede imaginarse cuántos lo han aprendido de memoria desde niño?

Pero el poder de esta palabra solo se manifestará de manera tangible y real a medida que logremos meditar en ella y echar mano de estas verdades que Dios nos dejó para el día malo.

A medida que usted se acerque a Jehová como su pastor, podrá estar más convencido de la verdad que le dice que **nada te faltará**.

¡Muchas veces nos faltan tantas cosas!, y nos preguntamos qué es lo que está fallando.

Sucede que, cuando se manifiesta la crisis y el caos en una relación de compromiso, nos cuesta confiar en la otra parte.

La relación saludable crea confianza. De igual forma, el distanciamiento crea desconfianza y duda. No podemos tener confianza en Dios sin una relación diaria, cercana y personal con Él.

Dios desea hablarnos todos los días. Él desea que usted lo busque, no cuando prende fuego su casa, sino que todos los días pueda reconocerle en su caminar, haciendo una pausa en su agenda para introducirlo a Él en sus planes y en sus sueños.

Cuando una relación matrimonial es estable, esa misma estabilidad crea confianza y madurez. Así mismo sucede cuando mantenemos una relación estable con Dios.

Vivimos en medio de tiempos en los que la falta de estabilidad en las relaciones produce desconfianza y la relación nunca llega a madurar.

Altos y bajos causados por las emociones y percepciones momentáneas hacen que la relación no sea saludable.

Así sucede con nuestra relación con Dios, generalmente las tendencias en lo natural se reflejan en lo espiritual.

Cuando en una familia no hay estabilidad en la relación, esa misma tendencia se manifestará en la relación con Dios.

Dios desea que usted lo incluya en sus vacaciones, en sus diversiones y en todas sus decisiones por muy insignificantes que sean.
¡Intente hacerlo a partir de hoy!

Que no pase un día sin encontrarse con Él. Esta relación saludable afirmará más su fe en lo que Dios le promete. Los altos y bajos son normales en una relación, siempre que se aprenda a manejar con madurez y sensatez.

Separe un lugar para encontrarse con Dios a solas, en su dormitorio, en el closet, en el patio, en un lugar donde permita escuchar lo que Él le quiere decir. Caminando, corriendo, haciendo sus ejercicios, disponga un lugar secreto para encontrarse con Dios.

Luche por ese tiempo de estar a solas con Dios. En definitiva, de este mundo vamos a partir solos, nada podemos llevar, y necesitamos que sea Él quien nos esté esperando al otro lado del río. Solo así podrá construir una relación de confianza para creer que quien le habla es real y digno de ser confiado. Solo hasta que no se acerque a Dios, solo hasta ese momento, no le costará creer todo lo que Él promete. La relación crea la confianza.

Y recuerde: ¡el éxito de la fe no se trata de cuanto sé, sino de cuanto creo de aquello que sé!

Ese será el punto de partida para recibir y establecer el poder que encierra esta declaración. Tome la mano de su esposa o su esposo y la de sus hijos, y hagamos esta declaración profética en fe:

- *Señor, prometemos acercarnos a ti de una manera diferente a como lo hacíamos antes.*

Entendemos que nuestro milagro no depende de cuánto sabemos acerca de ti, sino de cuánto decidimos creer de lo que sabemos de ti.

- *Queremos restaurar nuestra relación contigo de forma legal y permanente.*
- *Por eso, hoy hablamos confiados en la verdad del **Salmo 23** que dice: **¡Jehová es mi pastor, nada me faltará!***

Declaro que:

- *Rompo toda misión del enemigo en contra de mi economía en el nombre de Jesús.*
- *Buscaré el reino de Dios y su justicia, y todo lo demás será dado por añadidura.*
- *No me faltarán fuerzas, no me faltarán recursos, no me faltará salud, no me faltará poder para vencer frente a las batallas, porque **¡ÉL ES MI PASTOR Y NADA ME FALTARÁ!***
- *Activo mi fe para creer, vivir y funcionar en el poder de esa verdad que encierra esta palabra. Declaro otra vez que **¡NADA me faltará!***
- *Dios abre puertas milagrosas para hacer que esta palabra se active en la vida de mi familia.*
- *Permaneceré firme, creyendo y esperando que todo lo que he perdido será temporal, porque Dios me da fuerzas para recuperar todo lo que me pertenece por derecho legal.*

- *Hago mía cada palabra de esta Escritura. Soy bendecido en mi entrada y en mi salida. **(Salmos 121:8)***

- *Meditaré en la Palabra de día y de noche para que todo lo que haga prospere. **(Salmos 1:3)***

- *La bendición de Dios en mi vida me hace caminar en riquezas.*

- *Dios se complace en mi prosperidad porque soy su siervo. **(Salmos 35:27)***

- *El Dios de los cielos me prosperará. **(Nehemías 2:20)***

- *Declaro que comenzaré a dar, y se me dará en medida buena, apretada, remecida y rebosando según dé. **(Lucas 6:38)***

- *Declaro que Dios reprende al devorador por mí. **(Malaquías 3:11)***

- *Jehová es mi pastor, nada me faltará. **(Salmo 23)***

- *Reprendo y echo fuera al espíritu de oruga, el saltón, el revoltón y la langosta que se comen mis bendiciones. **(Joel 2:25)***

- *Creo que Jesús se hizo pobre para que por medio de su pobreza yo pudiera ser prosperado. **(2 Corintios 8:9)***

Lo declaramos en el nombre de Jesús. Amén.

SOBRE LA FORTALEZA

"Todo lo puedo en Cristo que me fortalece".
(Filipenses 4:13)

Recuerdo que fue este uno de los primeros versos de la Biblia que aprendí. Pero lo que me tomó trabajo aprender no fue el verso, sino entender el secreto que activa ese poder de Cristo en mí.

Mucha gente usa la Biblia como amuleto en contra de lo que algunos llaman *"mala suerte"*, pero la Biblia no es un amuleto, sino la *palabra activa de Dios* que necesita ser creída, procesada y afirmada en nuestro corazón.

De lo contrario, podemos conocer las promesas de Dios de manera intelectual y racional, pero nunca tener un resultado tangible en nuestro andar diario.

Hay personas que tienen la Biblia en su mesa de noche, otros debajo de la almohada, pero déjeme decirle que eso no hace ninguna diferencia.

Lo que hace la diferencia es el poder que recibimos cuando aprendemos a activar esa palabra escrita en nuestros labios.

Memorizarla, hablarla, decretarla... es decir, cuando aprendemos a hablar lo que Dios habla.

El poder absoluto y total de Dios lo sustenta su omnipotencia.

Omnipotencia significa que Dios todo lo puede. Es decir, nada está fuera de su control.

No podemos activar su **OMNIPOTENCIA** a favor de nosotros, si antes no reconocemos otro atributo de Dios que es su **OMNIPRESENCIA**, que significa que *Dios está presente en todas partes*.

Ambos atributos y cualidades de Dios trabajan interdependientes el uno del otro. Su Omnipotencia y su Omnipresencia.

Hay cosas que usted no haría, no hablaría, ni miraría si sintiera de manera palpable y física la persona de Jesús a su lado ¿verdad?

La omnipotencia de Dios es un poderoso reactor nuclear disponible para que sus hijos lo utilicen. Pero insisto: para que se active el reactor nuclear de la *omnipotencia de Dios* a favor de nosotros y poder movernos en el terreno de lo imposible, necesitamos aprender antes a reconocer y a honrar la presencia de Dios en todas partes en las que nos movemos. Es la única forma de reconocer su omnipresencia.

Mucha gente es de mentalidad que a Dios solo se le encuentra en un templo, y que una vez que salimos de ahí lo dejamos atrás entre cuatro paredes, tal vez, en un cuadro o en una figura que alguien hizo para que fuera recordado.

Amigo: *La Biblia dice que Dios es tan grande y tan presente que el universo no lo puede contener.*

Cuando reconocemos a Dios, en nuestra soledad, en nuestra intimidad, en esos lugares donde nadie más tiene acceso que nosotros, y lo honramos como el Señor de nuestra vida, es allí, en ese lugar, donde las promesas de la disponibilidad de su poder se activan a favor nuestro.

Para que el poder de la palabra de Dios se active en nosotros, necesitamos que pase de estar de un estado escrito a un estado revelado.

Cuando logramos entender que Dios está en todo lugar como huésped invisible y oyente silencioso de nuestras conversaciones, entonces comenzará a desatarse una ola de poder, de autoridad y de milagros a favor de sus hijos, desde el mismo trono de Dios.

Por eso, el apóstol Pablo escribió que en medio de cualquier situación adversa: ***Todo lo puedo en Cristo que me fortalece.***

Cuando usted logre entender este principio, nada podrá detenerle. No podemos tener acceso a la omnipotencia de Dios, si antes no reconocemos su omnipresencia.

SOBRE EL PODER

"Todo lo puedo en Cristo que me fortalece".
(Filipenses 4:13)

- *Tengo autoridad y poder sobre las circunstancias.*
- *Declaro que tu mano me establece y tu brazo me fortalece. **(Salmos 89:21)***
- *Proclamo que el poder de las manos de Dios se derrama en mi vida. **(Habacuc 3:4)***
- *Oro para que los ángeles de Dios acampen alrededor de mí y me protejan. **(Salmos 34:7)***

Declaro que Dios se mueve conmigo y que es el Señor de mi vida. Lo reconozco y lo honro con cada palabra que sale de mi boca y con cada acto en mi diario vivir.

- *Reconozco la omnipresencia de Dios y que Él está conmigo aunque no lo puedan percibir mis cinco sentidos físicos.*
- *La omnipotencia de Dios se activa en mi vida para cambiar atmósferas, diagnósticos y ambientes a mi favor.*

- *Activo el poderoso nombre de Jesucristo sobre mi debilidad y declaro que Dios me activa con nuevas fuerzas, para cumplir el propósito al cual he sido llamado.*
- *Proclamo que no soy víctima de las circunstancias.*

Nada me detendrá, porque estoy poniendo a Dios como mi confianza.

- *Activo en los aires una unción de milagros y de multiplicación como nunca antes.*
- *Dios multiplica mis fuerzas y me da habilidad para producir riquezas. (Deuteronomio 8:18)*
- *En medio de los tiempos difíciles, no colapsaré porque Él es mi fortaleza.*
- *Dios multiplica mis recursos espirituales, físicos y materiales.*

Soportaré la crisis, soportaré la tentación, soportaré la presión de las circunstancias porque no serán para siempre. Como mismo llegaron, tendrán que irse.

- *Renuncio a las pocas fuerzas y al desánimo. La depresión y la confusión no me pertenecen.*
- *Porque Torre Fuerte es el nombre del Señor, a Él correrá el justo y será levantado. (Proverbios 18:10)*

El poder de Dios se manifiesta sobre cualquier debilidad y tendencia de mi carne que me haya causado pérdidas en el pasado.

- *El pecado no tiene autoridad sobre mí.*
- *Renuncio a hábitos ocultos que han hecho que mis fuerzas hayan menguado.*
- *El mismo poder que levantó a Cristo de la tumba hace que se activen mis fuerzas hoy y me levanta a un nuevo nivel de gloria.*
- *Lo declaro en el nombre de Jesucristo. Amén.*

PARA DESTRUIR CONSPIRACIONES

"El que habita al abrigo del altísimo, morará bajo la sombra del omnipotente. Diré al Señor: esperanza mía, castillo mío, mi Dios, en Él confiaré." **(Salmo 91:1)**

"He aquí que todos los que se enojan contra ti, serán avergonzados y humillados: los que contienden contigo serán como nada y perecerán." **(Isaías 41:11)**

E xiste un lugar secreto, un lugar donde el enemigo no nos puede encontrar. Ese lugar secreto no es para todos, no es para aquellos que visitan la presencia de Dios cuando las cosas se ponen difíciles, ese lugar secreto es para aquellos que hacen a Dios su habitación.

Este mundo ofrece muchos abrigos. Algunos son lujosos y caros, pero solo son una carga más que no quitan el frío ni la soledad que experimenta mucha gente sin Dios.

La ausencia de Dios produce frío en el alma, confusión, soledad, turbación e inseguridad.

Hay un frío y un desamparo que lo produce la traición, cuando los seres queridos nos abandonan, cuando perdemos aquello que amamos tanto.

Cuando el doctor informa que los exámenes de laboratorio que realizó apuntan a algo peligroso, usted siente ese frío carcomer sus huesos y derrumbar sus sueños...

Hay un frío que producen los años cuando llegamos al invierno de nuestra vida. Cuando no hay caricias ni besos que puedan satisfacerle, cuando los que le rodean no entienden su soledad, solo le dirán para consolarle: *"Viejo, tranquilo, descansa"*, pero usted no necesita ese tipo de consolación.

¡Usted necesita el abrigo de Dios!

Me viene a la memoria cuando el Rey David estaba lleno de años y sentía mucho frío, le cubrían de ropas, pero sus ropas no lo calentaban.

Le consiguieron una sunamita para que lo abrigara, pero él no necesitaba un abrigo de carne, él habitaba al abrigo del altísimo.

La palabra *habitar* significa *"hacer nuestra morada en un lugar fijo"*. Cuando usted y yo habitamos en Cristo o habitamos en el lugar secreto, no lo visitamos ocasionalmente, sino que tomamos residencia permanente allí. Llegarán las tormentas, pasará el invierno y usted estará seguro en ese lugar secreto.

El lugar secreto donde la tristeza se convierte en gozo y donde la paz sobrepasa su entendimiento lógico y racional.

En vez de mirar al mundo para escondernos, Dios quiere que encontremos nuestro escondite en Él. Esto es lo que Él quiso decir con la frase *"El que habita al abrigo del Altísimo"*. Cuando tenemos problemas, cuando estamos en peligro, Dios quiere que tomemos nuestro refugio bajo la sombra protectora de sus alas.

¡Quiere que corramos a Él!

Jesús dijo:

"Si viven en mí y mis palabras moran en ustedes y continúan en sus corazones, pedid todo lo que queréis, y os será hecho".

Declaremos juntos esta verdad. Tome de su mano a sus hijos si están con usted o a su esposa y declaremos juntos.

Si se encuentra hoy solo, ponga su mano sobre la Biblia y declaremos juntos:

- *Declaro que habito al abrigo de Dios, por tanto, activo ángeles alrededor de mi casa, mi familia y mis hijos.*

- *POR LO TANTO: Venzo toda estrategia del infierno en contra mía.*

- *¡Ato y reprendo todo espíritu de Sambalat y Tobías!*

- *¡Rompo y divido toda alianza demoníaca dirigida en mi contra y de mi casa en el nombre de Jesús!*

- *Declaro que el consejo en secreto de los malos se convertirá en necedad. Todos los que se han unido contra mí, se dispersarán.*

- *Desato confusión sobre toda alianza demoníaca dirigida contra mi vida, mi familia y mi iglesia.*

- *Declaro que Dios divide y dispersa a todos los que se han unido en mi contra.*

- *El Señor los destruye y confunde sus lenguas. (Salmos 55:9)*

- *Declaro que soy librado de toda trampa y plan del enemigo en contra de mi vida.*

- *Desata la confusión y que se ataquen los unos a los otros en el nombre de Jesús (2 Crónicas 20:23) y que toda estrategia del infierno sea expuesta y sacada a la luz.*

- *Declaro que en la misma red que han tendido para mí, en esa misma caerán. (Salmos 57:6)*

- *Recibo los planes de Dios para mi vida y los pensamientos de paz y no de mal para darme el fin que espero. (Jeremías 29:11)*

- *Proclamo que ningún dardo de fuego del enemigo me dañará, por cuanto mi escudo está en Dios que guarda a los rectos de corazón. (Salmos 7:10)*

- *Mi generación no verá la ruina ni conocerá la derrota, porque Dios ha prometido ser nuestro abrigo y sombra contra cualquier tempestad que amenace nuestra barca.*

- *Saldré adelante con toda mi familia, porque Dios es mi refugio contra la tormenta.*

- *Declaro que ¡las estrategias de Satanás no prosperan! ¡Pierden fuerza! Porque la gloria de Dios habita en nuestra casa.*

- *El que habita al abrigo del altísimo morará bajo la sombra del omnipotente. (Salmos 91:1)*

- *Diré al Señor: esperanza mía, castillo mío, mi Dios, en Él confiaré. (Salmos 91:2)*

- *Él me librará del lazo del cazador y de la peste destructora; con sus plumas me cubrirá y debajo de sus alas estaré seguro. (Salmos 91:3)*

Lo declaramos con fe en el nombre de Jesucristo. Amén.

SOBRE LA INDEPENDENCIA

"Oh Jehová... ¡Cuántos son mis adversarios! ¡Cuántos son los que se levantan contra mí! ¡Cuántos son los que dicen: Ni Dios mismo los salva! Mas tú, oh Jehová, eres escudo alrededor de mí, mi gloria y el que levanta mi cabeza." **(Salmos 3)**

Los seres humanos a veces tenemos el reflejo involuntario de olvidar los momentos tristes que vivimos, como si nuestra mente estuviera programada para borrar aquello que un día nos hizo sufrir y que nos causó pena y dolor.

Es importante que, juntamente con esos momentos tristes, estén ligados momentos donde el brazo fuerte del poder de Dios y sus recursos se manifiesten con mayor gloria sobre las presiones que nos estuvieron azotando.

Recuerdo cuando mi esposa y yo estábamos comenzando nuestros años de ministerio, en Cuba se experimentaba una de las peores crisis económicas que haya podido pasar una nación. Posterior a la caída del comunismo en Europa, vivimos etapas donde teníamos que orar por la provisión alimenticia del siguiente día, y donde un jabón o un tubo de pasta dental eran artículos de lujo para mis compatriotas. Algunos escogían el día de la semana (preferiblemente sábado o domingo) para hacer uso de tan preciados artículos. Corría la década de los 90's y primeros años del 2000, cuando Dios permitió que experimentáramos un período de decepción de personas en quienes habíamos invertido recursos y tiempo de nuestras vidas.

Era una etapa donde sentíamos como si el mismo infierno se volcara en contra nuestra: por una parte, la presión del comunismo que arremetía para apagar la fe de una naciente iglesia, y por otra, la decepción de algunos que, en nombre de Dios, cometían hechos horribles y decepcionantes que no merecen ser comentados.

Durante esos días, Dios puso en mi espíritu el sentir de que pudiéramos declarar en forma de canción la verdad del Libro de **Salmos 3:3**. Recuerdo que las primeras frases, las comenzamos a cantar en medio del llanto, pero mientras más las repetíamos, fueron convirtiéndose en una declaración de independencia.

Sí… ¡Dije independencia! Porque en medio de las pruebas de la vida, el enemigo quiere que nos sintamos dependientes de él, y que creamos que él es el actor principal de todo lo que nos está sucediendo, pero en realidad no es así:

¡Dios es el protagonista de nuestro destino profético y quien escribe recto sobre renglones torcidos durante cada una de esas temporadas!

Cuando caminas en santidad, la santidad es un arma letal contra la maldad y la ruina que Satanás trata de imponernos.

La santidad es una declaración de independencia donde le dices a Satanás: *"Tú allá y yo acá. Nada tienes de mí y yo nada tengo de ti"*.

No significa ser perfecto y no cometer errores; significa *ser alguien que vive sin tener nada que esconder*.

Cuando David escribió este **Salmo 3**, sus enemigos le decían: No hay para él Salvación en Dios, que traducido significa: *¡Ni Dios mismo te salva!* Después de muchos años, tras aquella etapa difícil y después de mirar todas las cosas nuevas que ha hecho el Señor alrededor de nosotros, solo podemos decir que Él ha sido nuestra gloria. Lo primero que fuimos llamados a hacer fue perdonar a aquellos que un día decían, en su ignorancia espiritual: ¡Ni Dios mismo los salva!

Gracias a Dios fuimos salvados y sanados, levantados y posicionados, solo por creer que el poder de esa palabra del **Salmo 3** aplicaba a nuestra condición presente en aquel momento cuando nada parecía estar a nuestro favor.

Hoy, solo quedan recuerdos, pero recuerdos que no causan dolor, sino de agradecimiento por descubrir el secreto de *activar una Palabra de Independencia en medio del dolor*, una palabra que fue escrita miles de años atrás, pero que tiene un poder implícito para activarse en nuestras crisis del presente.

¡Le invito a hacer su declaración de independencia hoy!

- *Declaro proféticamente que el enemigo nada tiene de mí, ni yo nada tengo de él. Por lo tanto, me declaro legalmente independiente de la ruina del enemigo.*

- *Decreto que ¡Dios es quien me salva! Porque su Palabra ya lo ha decretado.*
- *¡Me hago dependiente de Dios e independiente de las tinieblas!*
- *Tengo un destino profético que el enemigo no podrá cambiar aunque intente hacerlo.*
- *Mi vida está escondida en el Señor porque Él es mi escudo, es mi gloria y el que levanta mi cabeza.*
- *Por tanto, mis adversarios no verán su deseo en mi vida ni en mi familia, sino que ¡experimentaré la gracia, bondad y fidelidad de Dios en la tierra de los vivientes!*
- *Declaro que Dios levanta hoy mi cabeza, que no seré avergonzado ni confundido jamás.*
- *Proclamo que Dios levanta su justicia y su verdad sobre mi vida.*
- *No andaré enlutado por la opresión de quienes me oprimen, porque ¡Dios es mi libertador!*
- *Camino en independencia del pecado, pero en dependencia de Dios.*
- *Hago mías las palabras de David, cuando escribió: "Oh Jehová... cuántos son mis adversarios, cuántos son los que se levantan contra mí, cuántos son los que dicen: ¡Ni Dios mismo los salva! Mas Tú, oh Jehová, eres escudo alrededor de mí, mi gloria y el que levanta mi cabeza. (Salmos 3)*

Declaración Profética 8

PARA PERÍODOS DE ESTANCAMIENTO

"LEVÁNTATE, resplandece; que ha venido tu lumbre, y la gloria de Jehová ha nacido sobre ti." **(Isaías 60:1)**

Es una tragedia que acontece a diario en el pueblo de Dios. Ahora mismo, mucha gente que está sentada alrededor de usted está experimentando un denominador común y una de las más grandes tragedias: Están esperando cosas que ya están disponibles.

Hay gente que está sentada esperando de Dios lo que ya Dios ha provisto.

Es un hecho que acontece en todas las generaciones:

- ¡Están sentados esperando una gloria que ya vino!
- ¡Están sentados esperando un recurso que ya está!
- ¡Están sentados esperando una respuesta que ya existe!

Hay cosas que ya Dios puso en usted y todo lo que tiene que hacer es encontrarlas.

Dios le dijo a Abraham: *"De tus lomos levantaré una generación"*.

La gloria de Dios es la esencia de lo que Dios es. Toda la perfección de Dios está en su gloria.

La gloria es la esencia de Dios, que es impredecible e irrumpe de repente.

También le dijo Dios a Abraham: Yo soy el Dios Todopoderoso. Sé fecundo y multiplícate; una nación y multitud de naciones vendrán de ti, y reyes saldrán de tus lomos.

¡Cantidad de gente que está lamentándose esperando que Dios se mueva!

¡El que tiene que aprender a moverse con el Dios de Abraham soy yo! Ya su gloria está sobre usted.

Él está en el mismo lugar, pero muchas veces nosotros somos quienes nos hemos cambiado de posición.

Recuerdo un día, alrededor del verano del 2003, cuando por algún motivo estaba atravesando un período de sequía espiritual. Son esos momentos donde usted se pregunta dónde está Dios y qué va a suceder con su futuro, pero no siente nada.

Obviamente, todas las imágenes visibles alrededor de mí hablaban de esterilidad y estancamiento, me sentía desanimado viendo como mis mejores años se escapaban, en medio de un sistema que no nos dejaba progresar en ningún área donde decidiéramos emprender.

La policía política había amenazado a mis padres con que, si no cerraban la iglesia que teníamos en su casa, iríamos todos presos y mi padre perdería su trabajo como contador principal de una empresa para la cual trabajaba, recibíamos llamadas de amenazas anónimas en la madrugada, toda una guerra psicológica y una batalla de argumentos e ideas, *pero en batallas así, ¡solo ganan quienes más argumentos tengan a su favor!*

Una tarde, recuerdo que llegué a casa de mi hermana y vi a mi sobrino Isaac de tres años que me observaba detenidamente al entrar por la puerta, soltó sus juguetes y corrió hacia donde yo estaba diciéndome: *"Tío, dame de esa "candela" que tienes sobre tu cabeza".* Ese día, hasta tuve que inclinarme delante suyo para que él tocara mi cabeza. En realidad, ese fuego que Dios le permitía ver sobre mí era una manifestación de Su gloria en mi vida y de aquello que, años después, habría de manifestarse de una manera más palpable y real.

La gloria que Dios le prometió ya está, los recursos también, solo necesita caminar con esa convicción.

La gloria de Dios es el ambiente, la atmósfera, el clima espiritual que le permite caminar con capacidades sobrenaturales en un ambiente natural. Necesitamos aprender a descubrirla en tiempos de crisis y pruebas, porque ella sigue estando sobre nosotros y será nuestro recurso para salir del ojo del huracán.

Cuando en medio de sus problemas, usted se levanta creyendo y declarando lo que no ven sus ojos físicos pero si lo ve su fe, ¡las temporadas de espera serán más cortas!

¡La gloria acelera los tiempos!

¡La gloria acelera procesos, todo lo que tiene que hacer es RECONOCERLA!

¡La gloria es la que produce el milagro! Recuerde que Él le dice que su gloria ha nacido sobre usted.

Jesús se movía con la gloria de su padre:

Frente al féretro de Lázaro, oró diciendo: *"Gracias, Padre, porque sé que siempre me escuchas"*. Seguidamente le habló al muerto en alta voz y Lázaro se levantó.

En otras palabras, antes de que sucediera el milagro de la resurrección, ya Jesús estaba dando gracias por el milagro que acontecería.

¡No es el cielo el que tiene que cambiar, sino nuestra forma de pensar!

El problema no está en el cielo, sino en cómo procesamos las promesas de Dios.

Declaración profética:

- *SEÑOR, reconozco que por momentos no he caminado ni he funcionado a la altura de alguien que es portador de tu gloria.*
- *Hoy me levanto en el poder de esa gloria que ya está sobre mí.*
- *¡Activo esta promesa de victoria! Ese recurso que ya está, y proclamo en medio de los problemas y adversidades que enfrento, que la gloria de Dios ha nacido y se mueve sobre mí.*
- *Por lo tanto, cierro puertas al luto y a la calamidad, renuncio a cualquier estilo de vida que me haga sentir derrotado.*
- *¡Me visto de la luz de Cristo! y el luto y la confusión tienen que retirarse.*

- *Declaro que fui creado para caminar con su gloria. **(Efesios 1:6)***

- *Viviré, no por lo que siento ni por lo que veo, sino por lo que Tú ya has ordenado para mí y que ya existe.*

- *Atraigo a mi mundo físico todo lo que Tú dices que soy, todo lo que Tú dices que tengo y todo lo que Tú dices que me pertenece.*

- *Declaro que soy escogido y predestinado por Dios para buenas cosas, por lo que soy llamado con una intención original de Dios **(Efesios 2:10)***

- *Hoy, me levanto y resplandezco porque ha venido mi luz y la gloria de Jehová ha nacido sobre mí.*

Lo proclamo en el nombre del Señor Jesucristo. Amén.

Declaración Profética 9

PARA ACTIVAR LA FE

*"Porque por fe andamos, no por vista." **(2 Corintios 5:7)***

*"Que si confesares con tu boca al Señor Jesús, y creyeres en tu corazón que Dios le levantó de los muertos, serás salvo." **(Romanos 10:9)***

La efectividad de nuestra fe dependerá del lugar en donde la ubiquemos.

La Biblia me enseña a creer con el corazón y no solamente con mi mente.

Romanos 10:9 Me enseña que, si confesamos con nuestra boca que Jesús es el Señor y que Dios le resucitó de entre los muertos, somos salvos.

Hay problemas que enfrentamos en los que la solución no está en el área donde estamos creyendo que está.Es por eso que usted se demora años lidiando con el mismo problema sin encontrar soluciones. Por ejemplo:

La solución a los problemas financieros no es trabajar más hasta que afecte su salud y su relación con los suyos, la solución es darle a Dios lo primero de lo primero y establecer una cultura de siembra, que nos permitirá cosechar más con menos.

La solución a sus problemas conyugales no es el divorcio ni está en un consejero familiar, la solución está en descubrir a Dios como el centro de la relación y procurar no intentar cambiar a su pareja, sino comenzar a cambiar **usted** primeramente.

Existen dos esferas: La natural y la espiritual.

A la esfera natural accedes a través de los cinco sentidos, pero a la espiritual se accede solo a través de la fe.

La fe no es conocimiento, no es esperanza, porque la esperanza es para el futuro, mientras que la fe es para ahora. La fe no es una habilidad natural, sino una habilidad sobrenatural.

Necesitamos establecer nuestra fe en el corazón. Ese es el lugar correcto para que una fe sólida y vibrante produzca efectos milagrosos.

El corazón significa el centro de mis motivaciones, de mis sentimientos, lo más profundo del ser, lo que me mueve a pensar, a actuar, a tomar decisiones y a obrar.

La mayoría de la gente tiene su fe fundamentada a nivel del intelecto y hasta algunos la traducen como una actitud mental, pero esa fe es superficial y temporal.

La fe debe estar establecida en el corazón, porque todo lo que no está establecido en el corazón será sacudido fácilmente.

¿Ha experimentado usted que creía estar fuerte ante determinado problema, pero al llegar este, sintió que su mundo se caía y usted juntamente con él también se desintegraba?

Ese síntoma significa que su fe no estaba establecida en su corazón, sino solo a nivel intelectual.

¿Sabe por qué muchos creyentes están muertos espiritualmente? Porque Jesús no es real para ellos, es solamente un Jesús histórico. Es una fe intelectual que no produce resultados.

¡Todo lo que usted cree en su corazón será real!

Por ejemplo, para algunos, el fracaso se hace realidad porque creyeron con todo su corazón que fracasarían.

Todo aquello que crea en su corazón, sea bueno o malo, se convertirá en realidad para usted.

LA FE DEBE SER ESTABLECIDA EN EL CONOCIMIENTO DE LA PALABRA DE DIOS Y EN LA REVELACIÓN DE DIOS.

FE es la HABILIDAD de creer lo que no es razonable ni lógico, pero que si Dios lo dice es verdad.

La palabra IMPOSIBLE encuentra unos brazos que la abriguen, y esos brazos son la lógica y la razón.

Para alcanzar lo imposible necesita la FE, y también echar a un lado la lógica y la razón.

El trabajo de los expertos es convencerle de por qué le suceden las cosas y todo lo que está viviendo. Esto no significa que ellos hagan mal su labor, sino que lo hacen desde una sola esfera y una perspectiva natural.

A la esfera de lo natural se accede a través de los sentidos naturales.

Es diabético porque sus padres lo eran. Tiene tendencia a la depresión y a enfermedades nerviosas porque sus abuelos la tenían, y, por consecuencias genéticas, usted también la debe padecer.

La fe dice: Comprendo la realidad natural que ven mis ojos, pero la realidad de la esfera donde Dios opera es mayor que la realidad que ven mis ojos.

Nuestra fe debe partir desde el fundamento que las cosas que se ven fueron hechas de las que no se ven. Por consecuencia, si las cosas que veo fueron creadas de las que no veo, esto significa que quien condiciona el mundo de lo visible es el mundo de lo invisible o la esfera espiritual.

*En **Hebreos 11:3** leemos: "Por la fe entendemos que el universo fue fundado por la palabra de Dios, de modo que las cosas que se ven fueron hechas de las cosas que no se veían".*

¡Cuando la fe está establecida en el corazón, todo cambia! ¡Su fe debe establecerse en las promesas de Dios!

No en la realidad que miran sus ojos, sino en la verdad que sustenta su fe, que es la palabra y las promesas de Dios.

Cuando su fe está en su corazón, luchará para establecer la verdad de Dios sobre una realidad que miran sus ojos hoy, pero que puede cambiar, por muy difícil que mire el panorama.

¡La Biblia dice que el justo vivirá por su fe!

Declaremos juntos:

- *Señor Jesús, declaro que mi fe no está sustentada en sentimientos, ni en opiniones ni en experiencias de otros, sino que estará fundamentada en tu palabra en mi corazón, porque tu palabra es mi tesoro y donde está mi tesoro, allí estará mi corazón.*

- *Proclamo que lo que miran mis ojos no me moverá para creer lo que Dios dice que hará a mi favor. Sé que hay algo más de Dios que aún no he visto, pero declaro que lo recibiré.*

- *Activo hoy una fe sólida y sobrenatural.*

- *Declaro que no seré el mismo, no me moverán las crisis, ni los problemas ni las decepciones humanas, porque mi fe está centrada en lo que dice Dios que soy por medio de Él.*

- *Las puertas que ahora están cerradas no impedirán que siga creyendo y esperando que algo poderoso de Dios esté por desatarse en mi vida.*

- *Declaro que mis ojos verán la recompensa de mi fe. No sufriré vergüenza ni ruina ni viviré enlutado por la opresión, sino que hoy Dios activa nuevas fuerzas como de águilas.*

- *Creeré lo que no es razonable para mí, pero que para ti no es imposible.*

- *Me moveré en una dimensión superior, la dimensión de lo sobrenatural, donde lo imposible, Tú lo haces posible.*

- *Verán mis ojos la Salvación de Dios porque ¡hoy ubico mi fe en Jesús en el centro de mi corazón!*

- *Declaro que veré días diferentes y me gozaré con todo el bien que el Señor haya dado a mi casa.*

- *Lo creo y lo recibo en el nombre de Jesucristo. Amén.*

PARA PROTECCIÓN

"Nunca más se oirá en Mi tierra violencia, destrucción ni quebrantamiento en los ALREDEDORES DE MI HOGAR Y FAMILIA; mas a MIS muros llamaré salud y a MIS puertas Alabanza." **(Isaías 60:18)**

Una de las tácticas del enemigo es hacernos creer que lo que pasó ayer será un patrón que se repetirá en nuestro futuro.

Muchos de los errores que nos causaron pérdidas en el pasado, es muy probable que nos hayan sucedido por falta de conocimiento de la palabra de Dios, o tal vez desobediencia a la voz de Dios. Es muy probable también que seamos el efecto de una familia disfuncional y el eco de las decisiones que otros tomaron por nosotros.

Son muchos los factores que pueden influir en los resultados que tuvimos en el pasado, pero el enemigo de nuestras almas, Satanás, trabaja en nuestra mente para que creamos que lo que nos aconteció ayer, lo volveremos a vivir en nuestro presente y en nuestro futuro mediato.

Él nos hace creer que el fracaso de ayer se repetirá como un patrón en nosotros. Permítame decirle: *NO sucederá así, al menos que usted lo permita.*

Necesitamos aprender a desmantelar lo que el enemigo quiere ejecutar y repetir en nosotros como un patrón.

Si no descubrimos la forma de hacerlo, es muy probable que sus planes se ejecuten, pero en Cristo tenemos la autoridad para impedir que la ruina, el fracaso y la improductividad sean parte de nuestros años.

Mi madre repite mucho estas palabras. *"Necesitamos aprender a desconcertar al enemigo".*

Porque él espera que reaccionemos en temor, confusión y en queja cuando viene la crisis, pero ¿qué tal si reaccionamos como él *NO* espera que lo hagamos?

¿Cómo hacer que el enemigo retroceda y que haya un cambio en mis resultados hoy?

Usando las armas que Dios nos entregó: *Usando el status de la Salvación y el poder de la Alabanza.*

Los hijos de Dios tenemos un status y muchas veces no hacemos uso de ese estatus.

Tenemos una posición: *¡La Salvación de Dios nos eleva al nivel de hijos de Dios!*

Recuerda que la *Salvación* no es otra cosa que la posición de autoridad que Dios nos dio al morir en la cruz y al levantarse de la muerte al tercer día.

¡Nos cambió de lugar, perdonando nuestros pecados y llevándolos a la cruz! ¡Nos aceptó y nos posicionó en un lugar de privilegio!

¡Ya no más condenación! ¡Ya no más acusación! Porque aquel que está en Cristo, nueva criatura es, las cosas viejas pasaron y he aquí todas son hechas nuevas.

Mucha gente, cuando se presenta delante de Dios, lo hace desde la posición de víctima, de esclavo o de desconocido de Dios, por eso no reciben el milagro. Pero cuando el creyente en Jesús logra entender que somos hijos, vamos a vivir, a actuar y a desplegarnos en la vida desde un status de hijos de Dios.

El *muro de la Salvación* es un recurso que muchos no sabemos aprovechar. El enemigo querrá acercarse, pero cuando comienzas a levantar el *muro de la Salvación*, tendrá que retroceder y no le podrá saquear.

La **Alabanza** es el otro recurso que cambia y abre puertas que están laqueadas y encadenadas.

Todas las puertas que quiera que se abran delante de usted, debe comenzar a abrirlas con *Alabanza*, no con quejas ni oraciones lamentadoras.

La *Alabanza a Dios* no es otra cosa que maximizar el tamaño de nuestro Dios y minimizar el tamaño de los problemas.

David maximizó el tamaño de su Dios y minimizó el tamaño del gigante Goliat, eso hizo que el gigante se desajustara psicológicamente.

Muchas veces, vemos a Dios tan pequeñito que le decimos "¡*MI Diosito, ayúdame!* Pero necesitamos maximizar sus obras y minimizar el tamaño con el que nuestros ojos físicos miran nuestros problemas.

Cuando usted alaba a Dios y levanta sus manos, está estableciendo la autoridad que tiene. *¡Está haciendo uso del estatus de hijo de Dios!*

¡Está levantando en su hogar una cultura de REINO y desconcertando al enemigo! Y estará acelerando la bendición y acortando el tiempo de espera.

¡Pero debe hacerlo de manera constante y espiritualmente agresiva!

Sí. ¡Agresiva! El enemigo es violento, él no pide permiso para robarle a usted la paz ni sus posesiones. Por eso, usted necesita ser más violento en lo espiritual que él.

Declaremos juntos esta verdad. Tome de la mano a su familia, a sus hijos y oremos desde la posición de HIJOS:

- *Señor, por cuanto he creído a tu Palabra, profetizo sobre mi hogar y sobre todo lo que Dios me ha dado, la promesa de restauración y edificación que declara el Libro de* **Isaías 60:18:**

- *Nunca más se oirá en Mi tierra violencia, destrucción ni quebrantamiento en los ALREDEDORES DE MI HOGAR Y FAMILIA, mas, a MIS muros llamaré salud y a MIS puertas Alabanza.*

- *No se repetirá nunca más la historia de fracaso, de dolor, de enfermedad, de muerte, de ruina y destrucción familiar.*

- *¡La ruina sale de mi casa, la miseria sale, la pobreza se va de mi familia, el fracaso y la improductividad las echo fuera a partir de este día y para siempre!*

- *Profetizo que Dios me hace multiplicar y aunque el inicio sea pequeño, vendremos a ser poderosos en el Señor.*

- *Lo declaramos en el nombre de Jesús. AMÉN.*

Declaración Profética 11

SOBRE LA ESTERILIDAD

"Tú, mujer estéril que nunca has dado a luz, ¡grita de alegría! Tú, que nunca tuviste dolores de parto, ¡prorrumpe en canciones y grita con júbilo! Porque más hijos que la casada tendrá la desamparada, dice el Señor. Ensancha el espacio de tu tienda y despliega las cortinas de tu morada. ¡No te pongas límites! Alarga tus cuerdas y refuerza tus estacas." (Isaías 54:1-2)

La esterilidad en la vida no solo se aplica en el ámbito de la reproducción a nivel natural de una mujer que no puede concebir en su vientre un embrión, sino que la esterilidad se traduce también como la incapacidad de producir vida en áreas donde sentimos que no hay reproducción, donde todos los esfuerzos y metas terminan en frustración y con algún tipo de pérdida material, emocional o espiritual.

¿Ha experimentado vivir períodos así?

Tal vez no se encuentre ahora mismo viviendo una esterilidad en el plano natural de una mujer, pero tal vez la esterilidad que usted padezca sea en el plano de sus relaciones personales, de sus finanzas, de sus sueños e ilusiones. Siente como si ninguno de sus esfuerzos produce el fruto esperado y como si sus intentos no hayan tenido el éxito esperado. A veces, nos sentimos estériles porque ni siquiera podemos producir frutos de cambios personales.

Nuestros sueños se han quedado guardados en un viejo y húmedo cajón.

Dios nos creó con la capacidad de soñar y dar a luz nuestros sueños. Pero algo ha pasado que no le permite salir adelante. Siente que cualquier esfuerzo para reproducir y multiplicarse es insuficiente.

Se ha preguntado qué pasa, y solamente escucha el eco sombrío de esas ilusiones perdidas y sueños que un día comenzaron a realizarse y que le dicen *"no te mereces tanta felicidad. No fuiste llamado al éxito"*.

Un día, un joven llamado Gedeón se encontraba en ese mismo callejón sin salida: su familia era pobre, lo poco que recogían de la cosecha, los enemigos venían y se lo robaban. Llegó el punto en que toda su energía estaba centrada en esconder lo poco que recogían de la cosecha, porque lo único seguro era que los enemigos iban a venir para robarle la cosecha del año.

Sus sueños se habían reducido en esconder lo poco que cosechaban. No soñaban con expandirse ni aumentar su cosecha, su éxito solo consistía en esconderse del enemigo y que ninguna cosa mala le aconteciera.

¡Había una esterilidad!

Dios le dijo a Abraham: *"De tus lomos levantaré una generación"*. La capacidad de reproducirnos está en nuestros lomos, en el área de nuestra cintura.

Pero, el Libro de **Efesios 6:14**, nos da un arma para cubrir nuestros lomos. Estad, pues, firmes, CEÑIDA VUESTRA CINTURA (vuestros lomos) CON LA VERDAD. **(Efesios 6:14)**

> **Cada paso que demos para multiplicarnos debe estar cubierto con la Palabra de Dios y sus promesas que son "La Verdad".**

Cuando Abraham se encontró, cara a cara, con la presencia de Dios, le cambió toda su perspectiva.

¿Sabe cuánta gente vemos así? Sin sueños de expandirse porque todo lo que un día tuvieron, alguien se encargó de robarlo. Ahora viven a la defensiva, escondiendo lo poco que tienen por el temor a perderlo otra vez o por temor a que un mal reporte destruya todo lo que tanto trabajo les ha dado guardar.

Otros ni siquiera han visto el producto de su esfuerzo, porque la esterilidad ha marcado su territorio. Tanto un caso como el otro son signos de esterilidad.

La esterilidad espiritual es un espíritu que viene a robarnos lo mejor de nuestra vida y a matar nuestras generaciones subsiguientes. No nos permite soñar, más bien nos obliga a temer perder lo poco que hemos alcanzado.

La esterilidad puede tocar el área de las relaciones, separar amistades, truncar planes y desatar maldición sobre las familias. La esterilidad es un espíritu que se esconde detrás de un sentimiento de culpa, de frustración y, sin darnos cuenta, en una baja autoestima que no nos permite creernos merecedores del éxito.

Cuando no caminamos en la verdad de Dios, perdemos relaciones, amistades y quedamos estériles.

Una vez que venimos a Cristo, muchos venimos estériles en el área de las relaciones y de las finanzas, pero hoy aprenderá cómo romper con ese gigante de la esterilidad con Su verdad.

En primer Lugar:

El gigante de la esterilidad le borra la verdad de ver a Dios como proveedor, por lo tanto, necesita **recobrar la definición de Dios como proveedor**, y que Él no solamente puede, sino que quiere bendecirlo.

Necesita descubrir verdades de la Escritura que le llevarán a la multiplicación y a cortar el *"cordón umbilical"* que lo ató a pensamientos de esterilidad.

En segundo lugar:

Dios no lo diseñó para ser estéril, Dios no lo diseñó para lo malo, sino para lo bueno. No es su voluntad la esterilidad. De una vez le digo **¡NO ES SU VOLUNTAD QUE USTED SEA ESTÉRIL!** Rompamos con el paradigma de la religión que nos proyectaba que ser pobre es sinónimo de ser santo.

En tercer lugar:

Tome la decisión en su corazón de que todo lo que produzca, conquiste y logre tendrá como meta glorificar el nombre de Jesús y **comenzará a honrarlo con sus primeros frutos.**

¡Dios será el centro de su multiplicación!

El día que olvide cualquiera de estos tres principios puede regresar al mismo sitio en el que se encuentra hoy.

Si logra entender estos tres principios, el espíritu de la esterilidad se romperá y dará a luz sus sueños.

¡Dios es un Dios de multiplicación! Dios le dijo a Abraham, te bendeciré y serás de bendición.

Lo invito a declarar verbalmente esta verdad:

Declaración profética:

- *Declaro que Dios no me creó para ser estéril y sin frutos. Soy fructífero y bendito.*
- *Abro mi corazón para creer que en mí hay una semilla de multiplicación que Dios depositó cuando me creó.*
- *Le hablo a esa semilla y le ordeno que comience a producir frutos según el propósito de Dios en mi vida.*
- *Nacen nuevas ideas de multiplicación, proyectos y estrategias que vendrán del corazón de Dios.*
- *No pediré prestado, sino que tendré para dar y comenzaré a poner por obra esta declaración ahora mismo.*
- *No me pondré límites, sino que me extenderé al norte, al sur, al este y al oeste porque Dios es quien ensancha mi espacio.*
- *Renuncio al espíritu de muerte y de orfandad. Soy hijo del Rey de reyes y Señor de señores; por lo tanto, tengo una herencia que estoy activando ahora mismo.*

- *Dios me devuelve los amigos y las relaciones que el enemigo quiso robarme. Soy alguien que camina bajo la gracia y el favor de Dios.*

- *Se acercarán a mí y verán algo diferente, porque mi lenguaje ya no será igual.*

- *Seré padre de generaciones y de mi casa huirá el dolor, el luto y la esterilidad.*

- *Ensancharé el espacio de mi tienda, y desplegaré las cortinas de mi morada. ¡No me pondré límites! Alargaré mis cuerdas y reforzaré mis estacas. **(Isaías 54:2)***

- *Lo declaro y lo establezco en el nombre de Jesucristo. Amén.*

Declaración Profética 12

SOBRE LOS HIJOS

"Pero así dice Jehová: "Ciertamente el cautivo será rescatado del valiente, y el botín será arrebatado al tirano; y tu pleito yo lo defenderé; y yo salvaré a tus hijos." **(Isaías 49:25)**

Muchas veces, cuando pensamos en nuestros hijos y miramos cómo el síndrome común de nuestra sociedad son jóvenes con tantas deformaciones en su carácter, que se reflejan después en sus malas decisiones y malos caminos, pensamos si el futuro de nuestros hijos será igual al de tantos jóvenes que cada vez más se hace más común en la sociedad, y nos preocupamos.

Cuando voy manejando en áreas de clase media-alta de la ciudad de Houston, me entristece mirar a tantos jóvenes caminando entre las luces de semáforos con sus caras amargadas y vacías, algunos parecen zombis entre la gente, otros reflejan el enojo con que salieron del hogar, otros proyectan la realidad de que toda la tecnología del siglo XXI, y en el país más desarrollado del mundo, no tuviera la capacidad de llenar el dolor y la frustración pintados en la cara de tantos de nuestros jóvenes que gimen por algo más.

Es entonces cuando miro la realidad y comprendo que estos jóvenes no necesitan una religión con que ser motivados, porque hay demasiada competencia en el mundo de la tecnología, de la recreación, como para intentar retener a nuestros jóvenes en la iglesia con actividades de motivación y recreación.

Creo que ambas son importantes y los jóvenes las necesitan, pero: si queremos producir transformación en su vida, necesitamos algo más.

Solo una experiencia genuina y real con el Espíritu Santo podrá hacer que una generación destinada al fracaso pueda salir de las sombras y encontrar el verdadero propósito de vida.

Pero ¿cómo provocar que nuestros jóvenes tengan una experiencia con el Espíritu Santo?

¿Qué libro podría recomendarle? ¿Qué consejero debería visitar para que sus hijos se alejen de los malos caminos y se encuentren con Dios? ¿Habrá una fórmula para neutralizar la rebeldía de nuestros hijos adolescentes, quienes tantas veces llegan hasta a odiar a los padres?

Realmente no podría recomendarle ningún libro, ni conozco a ningún consejero en esta tierra que haya traído transformación a nadie. Nuestros hijos, la mayoría de las veces, conocen lo que es bueno, lo que es recto, incluso algunos pueden discernir qué les conviene, pero aunque quieran, no pueden.

El enemigo ha pedido a nuestros hijos y jóvenes para marcarlos y robarles desde su temprana edad, porque él conoce que una generación torcida dará a luz familias torcidas y generaciones castradas y disfuncionales.

La única fórmula que interrumpe y aborta los planes del enemigo de manera violenta es la **ORACIÓN PROFÉTICA**.

¿Qué es la oración profética?

Es esa oración establecedora de atmósferas, que cambia climas espirituales y realidades que ven nuestros ojos por una realidad mayor: *La realidad de Dios*.

La oración profética establece el destino profético que Dios ha dicho sobre nosotros y sobre nuestros hijos.

No es esa oración común donde le pedimos a Dios que nos bendiga y que nos provea, que no deja de ser importante, pero existe otro nivel de oración: *la oración profética, que es una oración violenta en lo espiritual*.

Esta oración no ora lo que ven nuestros ojos físicos, sino que es una oración que ora estableciendo el plan de Dios y acelera Su propósito para mí, para mis hijos, para mi familia, los cuales el enemigo quiere estorbar.

La oración profética es esa que llama a las cosas que no son como si fuesen.

Es la oración que se mete en el ámbito sobrenatural, toma los recursos de Dios y los trae a la realidad, estableciéndolos antes de que los sentidos físicos lo experimenten.

Es aquella que se anticipa, conquista y establece una atmósfera de *Reino*.

Comience haciendo lo siguiente:

Ore por sus hijos, declarando la verdad de Dios sobre ellos y no lo que ven nuestros ojos.

La verdad de Dios es que nuestros hijos no serán propiedad de las tinieblas, no serán niños ni jóvenes atados por el pecado, serán una generación de propósito y de pacto.

La verdad de que los planes del enemigo no se ejecutarán en sus vidas porque hay un escudo que establece un destino profético.

La oración profética es esa que ora sobre la ciudad mientras la ciudad duerme. Es la que ora por los hijos mientras los hijos duermen, porque aunque el cuerpo está dormido, su espíritu está despierto y más sensible a lo espiritual.

Por eso, mientras sus hijos duerman, acérquese a sus camas y bendígales en el nombre del Señor Jesucristo, declare el destino que Dios tiene para ellos.

Ore diciendo: *Señor, estorba el pecado en la vida de mis hijos, que sean instrumentos en tus manos y levanta un escudo de protección a su favor.*

No sé si ya está listo para hacer una oración profética:

¡Espero que sí! Vamos a comenzar ahora. Tome de la mano a sus hijos, a su cónyuge o a aquella persona con quien desee ponerse de acuerdo para orar proféticamente y declaremos así:

- *Señor Jesús, en este día reconozco que en tu nombre soy un establecedor de atmósferas. Por eso, vengo en Tu nombre a declarar una atmósfera de bendición sobre mis hijos.*

- *Declaro que mis hijos son llamados y escogidos por Dios para buenas obras.*

- *Declaro que serán cabeza y no cola, estarán arriba y no debajo.*
- *Tú peleas mi pleito por mí y por mis hijos. Son hijos de pacto y Tú eres un Dios que cumple los pactos.*
- *El enemigo ahora mismo suelta toda atadura de pecado y de opresión sobre mis hijos, porque Tú prometes defenderlos y ser su escudo.*
- *Declaro que mis hijos son herencia de bendición y arrebato este botín de la mano de Satanás.*
- *Mis hijos serán usados por Dios para bendecir, serán doctores, hombres y mujeres de negocios, profetas, pastores, gente exitosa.*
- *La depresión y la ruina no les alcanzarán, ni el pecado se enseñoreará de ellos.*
- *Mis hijos no serán drogadictos, ni alcohólicos ni promiscuos sexuales.*
- *No serán víctimas del bullyng ni de racismo.*
- *Serán una generación con un destino profético establecido por ti.*
- *Estorbo en el nombre de Jesús toda atadura sexual en la vida de mis hijos.*
- *No serán víctimas de la traición, ni del divorcio ni de muerte repentina.*
- *Tendrán hogares estables y matrimonios saludables, que marcarán generaciones detrás de ellos.*
- *Establezco una atmósfera y el espíritu de temor de Dios y amor por Su presencia.*
- *Declaro una cultura de reino y de autoridad que se transferirá de generación en generación después de mí.*
- *Lo creo y lo establezco en el nombre de Jesucristo. AMÉN.*

Declaración Profética 13

SOBRE LAS FINANZAS

"Mi Dios, pues, suplirá todo lo que os falta conforme a sus riquezas en gloria en Cristo Jesús." **(Filipenses 4:19)**

Una de las formas que el enemigo usa para robarnos la estabilidad en el hogar son las finanzas. Cuando vivimos problemas financieros sentimos que todo nuestro mundo alrededor se nos afecta.

Se afectan las relaciones en la pareja, aumenta el estrés, el estado de humor cambia, vivimos a la defensiva, se nos afecta nuestra generosidad y, por consecuencia, se afecta nuestra relación con Dios si no descubrimos a tiempo cómo revertir esta situación.

Las deudas son una de las llaves que traen falta de definición y nos amarran, haciéndonos sentir personas atadas a un compromiso financiero que muchas veces no podemos cumplir.

Por consecuencia, perdemos nuestra identidad como seres humanos libres y nos atamos, convirtiéndonos en personas controladas por un banco o un prestamista.

Desde ahora puedo decirle que no es voluntad de Dios que caminemos endeudados.

Ahora bien, ¿cómo prosperar financieramente cuando siento que mi barca se hunde, pues la situación financiera se agrava?

Hay tres formas de cómo la gente intenta en el mundo salir de deudas y prosperar financieramente, y una de ellas no se la recomiendo, porque además de ser pecado ante Dios, también es condenada por la ley.

1. Ahorrando.

Esta variante le tomaría mucho tiempo y, aunque es una buena práctica que todos debemos tener en nuestros planes financieros, no funciona para salir adelante en cortos períodos de tiempo.

2. Trabajando duro.

Creo que es importante esforzarse y trabajar tenazmente, pero muchas veces, por muy duro que trabajemos, sentimos que el esfuerzo que hacemos no remunera la necesidad que tenemos, y así a muchos se les escapan los años.

3. Robando.

Algunos roban y prostituyen sus principios intentando salir adelante, pero la Biblia dice que el precio del pecado es la muerte, es decir, cuando usted roba, no puede esperar que su fin sea muy halagüeño, porque en algún momento tendrá que pagarlo.

Existe una cuarta forma que quiero compartirle, que ha sido un acelerador para todos los que la hemos puesto en práctica:

¡Sembrando! Sí. Sembrando parte de nuestros ingresos.

Humana y matemáticamente, cuando usted le resta dos manzanas a cinco manzanas, se les convierten en tres, pero recuerde que lo que necesitamos es aprender a funcionar en lo sobrenatural, porque lo natural no resulta muchas veces ser tan efectivo.

Recién me testificaban acerca de un empresario que era un hombre ateo, es decir, que no creía en Dios. Él era dueño de una tienda donde vendían instrumentos musicales, y cada fin de mes, le ordenaba a su empleado de confianza: *"Tome lo mejor de nuestros instrumentos, los más caros, y llévelos a una de las iglesias del área y entrégueselos. Expréseles que nuestra empresa fue quien hizo esta donación"*.

El empleado que era cristiano le preguntó: *"Pero ¿usted es creyente en Dios?"*. El hombre le respondió: *"No. Yo no creo en Dios, pero a mí siempre me ha funcionado que, cuando doy en abundancia, mi siembra se multiplica en grandes retornos. Por eso lo hago, porque he descubierto que me ha ido bien haciéndolo"*.

¡Wow! ¡Impresionante lección!

Esto nos enseña que la ley de la siembra y la cosecha es una ley tan efectiva y funcional como lo es la ley de gravedad o la ley de la termodinámica, pero aún más acelerada, porque se activa desde lo sobrenatural desafiando las matemáticas y desatando una multiplicación acelerada.

Por eso, siempre que tenga una cosecha, ¡debe guardar una semilla para sembrarla en una buena tierra!

Si usted se come la semilla de una manzana o de un mango, no tendrá para producir más manzanas ni más mangos, porque se comió la semilla. Las semillas no son para comerlas, sino para sembrarlas. Además, la semilla de la manzana es dañina a nuestro cuerpo porque contiene cianuro.

Si usted se come la semilla de su cosecha, aunque sea poca, estará cortando el poder de la multiplicación y estará envenenando su espíritu, porque no está funcionando acorde a las leyes que Dios diseñó para que prosperáramos.

¡Comience hoy! Pero antes vamos a hacer una declaración profética sobre nuestras finanzas, que estará sucedida por una activación por medio de las semillas que va a sembrar para Dios.

Declaración Profética:

- *Hoy declaro, en el nombre de Jesús, que Dios quiere bendecir mis finanzas.*
- *Declaro que soy llamado para prosperar y salir adelante en todo lo que emprenda.*
- *Me dispongo, a partir de hoy, a funcionar con las leyes que Dios ha diseñado para mi prosperidad.*
- *Seré un sembrador y no me comeré más la semilla, porque he descubierto que allí está mi prosperidad.*
- *Cancelo todo espíritu de ruina, de deudas, de pobreza y de miseria en el nombre de Jesús.*
- *Mientras más siembre, más caminaré hacia adelante.*
- *Declaro que la bendición de prosperidad que tenía Abraham, Isaac y Jacob me alcanza hoy porque pertenezco al linaje del padre de la fe.*
- *¡Seré cabeza y no seré cola!*

- *Tendré para dar y no pediré prestado. Dios abre puertas milagrosas delante de mí, porque Él promete dar semilla al que siembra y yo he decidido sembrar para Dios.*

- *Se desata una unción de provisión como nunca antes. Me sorprenderé con lo que Dios hará por mí, por cuanto estoy operando bajo su sistema tributario.*

- *¡El Señor reprende al devorador de mis finanzas y este tendrá que huir!*

- *¡Me preparo para recibir y abro mis manos para tomar lo que Dios me dará!*

- *Lo recibo en el nombre de Jesucristo. Amén.*

SOBRE EL MATRIMONIO

"Y si alguno prevaleciere contra uno, dos le resistirán; y cordón de tres dobleces no se rompe pronto". **(Eclesiastés 4:9-12)**

"De cierto te bendeciré, y multiplicaré tu descendencia como las estrellas del cielo y como la arena que está a la orilla del mar; y tu descendencia poseerá las puertas de sus enemigos". **(Génesis 22:17)**

¿Se ha puesto a pensar usted cuantos manuales existen que hablan sobre el matrimonio? ¡Cuánta gente escribe sobre el matrimonio! Porque realmente la crisis en la familia comienza con el matrimonio y se ramifica en los hijos, afectando a muchas personas alrededor de ellos. ¡Cuántos manuales se escriben todos los días con la intención de salvar el matrimonio y convertirlo en un matrimonio saludable! Títulos como estos llenan las librerías y los portales de internet:

- 5 llaves para un matrimonio feliz
- 10 pasos para un buen matrimonio
- 25 leyes de bendición para el matrimonio
- 10 decisiones para formar un matrimonio

¿Dónde está el verdadero secreto de un matrimonio y una familia saludable?

Respuesta: en la unión de tres.

La Biblia dice que cordón de tres dobleces no se rompe fácil.

Cuando Dios no está en el centro de la pareja, las cosas comenzarán a deteriorarse. Después que pase el período de romanticismo de la luna de miel y los primeros años de casados, descubrirán que hay mucho camino por recorrer y muchos obstáculos que vencer.

Es en esos días, cuando empiezan a brotar las costumbres heredadas y los rasgos negativos del cónyuge, es entonces cuando comienza un conteo. El conteo regresivo o el conteo progresivo.

El conteo regresivo para el divorcio o el conteo progresivo para conquistar los años, y establecer una cultura de vencedores en una sociedad donde el promedio de duración de un matrimonio es de siete años, y uno de cada dos matrimonios termina en divorcio.

Veamos algunas estadísticas:

1. El setenta y cinco por ciento *(75%) de las personas que se divorcian se vuelve a casar*. Sin embargo, aproximadamente el sesenta y seis por ciento (66%) de las parejas de segunda unión, que tienen hijos del primer matrimonio, se separa.

2. La familia se encuentra en un proceso de transformación y cada vez es más frecuente hallar el sistema de familia reconstituida. *1300 nuevas uniones se presentan cada día*.

3. El cincuenta por ciento *(50%) de las familias americanas* corresponde hoy a *segundas uniones*.

4. El cuarenta y un por ciento *(41%) de los hijos de padres separados son temerosos,* agresivos, tienen baja autoestima y presentan dificultades en su comportamiento o desempeño escolar.

5. Solo un cuarenta y cinco por ciento *(45%) de los niños supera satisfactoriamente el divorcio de sus padres*.

Ante estas estadísticas alarmantes, probablemente a usted le corresponda tomar una decisión:

¿A qué grupo pertenecer? Si a los que cuentan regresivamente o progresivamente.

Solamente cuando Dios está en el centro de una relación, se puede vivir un matrimonio saludable y con amplias posibilidades de marcar una diferencia en una sociedad en descomposición.

Le pregunto otra vez, y perdone mi insistencia:

¿En qué grupo ha decidido estar? El amor no es un sentimiento en su totalidad, sino que es una decisión.

¡Los sentimientos son efímeros y pasajeros, pero las decisiones reflejan el tamaño del carácter y del compromiso!

Cuando el carácter está deficiente no se hacen compromisos. Y eso es lo que sucede con esta sociedad: ¡Vivimos en un sistema deficiente de carácter!

Quiero invitarle a que tome de la mano a su cónyuge y juntos hagamos una oración profética sobre su matrimonio:

- *Señor Jesús, establecemos hoy en nuestro matrimonio una cultura de bendición.*

- *Sabemos que Satanás vino a robar y a matar, pero también sabemos que Tú has venido a darnos vida y a darla en abundancia.*

- **Declaramos que**, *si hubo alguna experiencia negativa en el área matrimonial en nuestras generaciones pasadas, no se repetirá porque estamos activando sobre nuestro matrimonio la ley del Espíritu de vida sobre la ley del pecado y la maldición.*

- *Proclamamos que ningún plan del enemigo se ejecutará en contra de nuestra relación como pareja.*

- *Renunciamos a todo espíritu de pecado que pueda atacar nuestra relación.*

- *Declaramos que el adulterio no tiene cabida en nuestra familia.*

- *Declaramos que la palabra divorcio no será parte jamás de nuestra historia, por eso no será parte de nuestro vocabulario, sino que hablaremos palabras de paz, armonía, bendición y multiplicación, porque es allí donde Dios habita.*

- *Ningún espíritu de contienda, de pleito o de amargura tiene derecho legal de habitar en nuestra casa, porque nuestra casa también es templo del Espíritu Santo.*

- *La falta de perdón y el resentimiento no se establece en nuestro hogar, sino que como Tú nos perdonaste, también así nosotros hemos decidido perdonarnos el uno al otro.*

- *Establecemos una cultura de bendición y fidelidad sobre nuestra relación en donde el enemigo tendrá* que retroceder, porque somos una pareja de pacto y con un destino profético.

- *Satanás no estorbará ese destino y seremos llamados **padres de generaciones**.*

- *Nuestros hijos no solamente nos amarán, sino que también nos admirarán y nos imitarán, por cuanto hemos puesto nuestra confianza en Dios.*

- *Nuestra generación no experimentará el divorcio, sino que nuestros días serán colmados de gozo y de contentamiento.*

- *Establecemos que nuestro pacto está escondido en Dios.*

- *Lo establezco en el nombre de Jesucristo. Amén.*